AF547396

Ursula Lassert

Diktate und Rechtschreibübungen

Texte und Arbeitsaufträge
zu wichtigen Rechtschreibphänomenen
in zwei Schwierigkeitsstufen

3. Klasse

Kopiervorlagen mit Lösungen

Gedruckt auf umweltbewusst gefertigtem, chlorfrei gebleichtem
und alterungsbeständigem Papier.

3. Auflage 2021
© by Brigg Verlag KG, Friedberg
Alle Rechte vorbehalten.
Das Werk und seine Teile sind urheberrechtlich geschützt.
Jede Nutzung in anderen als den gesetzlich zugelassenen Fällen bedarf der vorherigen schriftlichen Einwilligung des Verlages.
Hinweis zu §§ 60 a, 60 b UrhG: Weder das Werk noch seine Teile dürfen ohne eine solche Einwilligung an Schulen oder in Unterrichts- und Lehrmedien (§ 60 b Abs. 3 UrhG) vervielfältigt, insbesondere kopiert oder eingescannt, verbreitet oder in ein Netzwerk eingestellt oder sonst öffentlich zugänglich gemacht oder wiedergegeben werden. Dies gilt auch für Intranets von Schulen.
Illustrationen: Ursula Lassert
Layout/Satz: PrePress-Salumae.com, Kaisheim

ISBN 978-3-95660-**145**-3 www.brigg-verlag.de

Inhalt

Ursula Lassert: Diktate und Rechtschreibübungen · Best.-Nr. 145
© Brigg Verlag KG, Friedberg

Vorwort

1. Warum ist das richtige Schreiben wichtig?

Richtig schreiben bedeutet, auf der Schriftebene korrekt zu kommunizieren. Ziel einer fehlerfreien Rechtschreibung ist also in erster Linie Lesbarkeit. Sie vereinfacht die Kommunikation, indem sie schnelles Verstehen der Texte ermöglicht, ähnlich wie auch bei der Sprache. Auch hier müssen wir uns an die geltenden Ausspracheregeln halten, damit wir vom Gegenüber verstanden werden. Diese Regeln anzuwenden und einzuhalten, bieten sowohl auf der Text- als auch der Sprachebene Sicherheit, Klarheit und Kontinuität im Lernen. Richtiges Lesen und Schreiben sind eine wichtige Grundlage für eine gute Kommunikation. Daran wird sich in Zukunft sicher nichts ändern. Daher sind und bleiben sowohl im privaten als auch im beruflichen Bereich genaue Kenntnisse in der Rechtschreibung wichtig.

2. Was wird in diesem Band geübt?

Gerade hier setzt der Band „Diktate und Rechtschreibübungen" an.
Diesem Band liegt der Rechtschreibstoff der dritten Klasse zugrunde. Neben grundlegenden Regeln und anschaulichen Beispielen werden den Kindern Strategien vermittelt, mit deren Hilfe sie auch die Schreibweise noch nicht geübter Wörter erschließen können. Sie üben zum Beispiel, Wörter zu strukturieren, Lautqualitäten zu erkennen und zu unterscheiden, und sie entdecken, dass auch Verwandtschaften bei Wörtern und Analogien Hilfen zum Richtigschreiben sind.
Bei dem Arbeiten an und mit den Diktattexten und bei den Überarbeitungen dieser Texte werden die Kinder angeleitet, über das Geschriebene nachzudenken, die Texte mit der Vorlage zu vergleichen und die Fehler entsprechend zu korrigieren.
Nebenbei werden unbewusst Geschicklichkeit und Lesefähigkeit der Augen durch genaues Hinsehen bzw. durch notwendiges Hin- und Herspringen der Augen bei der Arbeit am Text geübt. Auch hilft das Markieren und Unterstreichen bestimmter Wörter, wichtige Lesestrategien zu trainieren und auch die Fähigkeiten für die inhaltliche Erarbeitung von Texten zu entwickeln.

3. Wie ist der Band aufgebaut?

Der vorliegende Band beinhaltet **fünf Kapitel**:
1) Rechtschreibphänomene der Groß- und Kleinschreibung,
2) Dehnung und Schärfung,
3) gleich- und ähnlich klingende Laute,
4) schwierige Laute und
5) Worttrennung und Zeichensetzung.

Jedes Kapitel besteht aus jeweils fünf Arbeitsblättern. Diese Arbeitsblätter liegen in zwei Schwierigkeitsstufen (A und B) vor und können so gut in heterogenen Klassen eingesetzt werden: Gruppe A enthält die Basis-Übungen, Gruppe B umfangreichere bzw. schwierigere Übungen. Der Lehrer kann so auf den Lernstand der einzelnen Kinder eingehen, indem er ihnen je nach ihren Fähigkeiten die leichteren oder schwereren Blätter in Allein- und Gruppenarbeit anbietet.

Die **Diktattexte**, die in beiden Gruppen inhaltlich identisch sind, werden in jeder Gruppe auf verschiedene Art und Weise bearbeitet.
Am Ende eines jeden Kapitels folgt eine **Testseite** für jede Gruppe. Diese ist ohne Diktat und enthält nur entsprechende Aufgabenstellungen.

Ein ausführlicher Lösungsteil am Ende des Bandes ermöglicht den Kindern, selbstständig zu korrigieren, sodass die Arbeitsblätter sowohl während der Arbeit in der Klasse als auch innerhalb der Freiarbeit oder als Hausaufgabe eingesetzt werden können.

Nach dem Lösungsteil folgt ein Anhang mit den aus allen Kapiteln **zusammengestellten Diktattexten**. Diese sind als Karteikarten nutzbar und können sowohl in der Einzelarbeit als auch in der Partner- und Gruppenarbeit zum Einsatz kommen. Auch im Förderunterricht für schwächere Schüler oder als zusätzliche Aufgabe für die besseren Schüler können die Diktattexte verwendet werden.
Durch die kontinuierliche Verwendung der Karten können die Kinder ein gutes Rechtschreibgespür entwickeln und mit der Zeit auch immer mehr Selbstständigkeit beim Lernen allgemein erwerben.

In diesem Anhang befinden sich auch zwei Seiten mit den **wichtigsten Tipps** zum Vermeiden von Fehlern und zum Überarbeiten geschriebe-

Ursula Lassert: Diktate und Rechtschreibübungen · Best.-Nr. 145
© Brigg Verlag KG, Friedberg

ner Texte. Diese Tipps können z. B. abgeschrieben oder im Klassenraum aufgehängt, auswendig gelernt oder als Hilfe während des Übens benutzt werden. Es bietet sich an, die Karten vor der Benutzung zu laminieren.

4. Wie sind die einzelnen Arbeitsblätter aufgebaut?

Jedes Arbeitsblatt ist eine Kombination von Rechtschreibübungen und Diktaten.
Die **Übungsaufgaben** (im oberen Teils des Arbeitsblattes) greifen die Wörter aus dem Diktattext (unten auf den Seiten) auf. Hier wird sowohl das Heraussuchen von Lauten und Buchstaben als auch das Konstruieren von Wörtern geübt. Den Übungen folgt der jeweilige **Diktattext** mit den zu ihm gehörenden Aufgaben. Die Diktate bestehen meistens aus 70 bis 90 Wörtern und überfordern nicht. Die Texte werden in verschiedenen Schriftarten angeboten.
Bei den Diktaten gibt es zwei Übungsformen: Fremd- und Eigendiktate.
Die **Fremd-Diktate** werden meistens als **Partner- und Gruppendiktate** angeboten, bei denen die Kinder sich gegenseitig die Texte diktieren und später auch gegenseitig korrigieren.
Die **Eigen- oder Selbstdiktate** sind Diktate, die sich das Kind sozusagen selbst diktiert, indem es sich einen Satz oder Satzteil merkt, diesen nach kurzer räumlicher und zeitlicher Unterbrechung aufschreibt. Dazu gehören z. B. die Schleich- und Laufdiktate. Diese wiederum gibt es in verschiedenen Versionen, z. B. das Adlerdiktat in Kapitel 1 für Gruppe A, bei dem die räumliche Entfernung zwischen Vorlage und eigenem Heft „wie ein Adler fliegend“ mit ausgebreiteten Armen zurückgelegt wird.
Zu dieser Diktatsorte gehören auch die reinen **Abschreibübungen**, bei denen der Text unmittelbar neben dem Heft des Kindes liegt. Diese sollen z. B. auch mit dem Computer ausgeführt werden – einmal, weil es für die Kinder reizvoll ist, mit diesem Medium zu arbeiten, andererseits, weil es auch ein anderer Zugang zum Schreiben ist und die Buchstaben einzeln angeschlagen werden müssen.

Ursula Lassert: Diktate und Rechtschreibübungen · Best.-Nr. 145
© Brigg Verlag KG, Friedberg

1 Satzanfänge, Nomen, Eigennamen

1A

Satzanfänge, Nomen (der Mond) und Eigennamen (Jakob) werden immer großgeschrieben. Nomen werden oft von einem Artikel, einem Adjektiv oder einem Pronomen begleitet.

1. Lies den Text und unterstreiche dabei die Satzanfänge grün, die Eigennamen rot und die Nomen blau. Vorsicht! Hier sind drei Fehler versteckt.

Ausflug in einen Wilderlebnispark

Gestern haben Jan und elisa und ihre Eltern einen herrlichen Ausflug in einen großen Wilderlebnispark gemacht. Da gab es viel zu sehen und zu erleben. Sie beobachteten, wie wild und ausgelassen die kleinen Affenkinder auf den bäumen und Seilen herumkletterten. In der Falknerei konnten sie die Geschicklichkeit der großen Greifvögel erleben. später betrachteten sie von ihrem Auto aus Hirsche und Wildpferde. Das war spannend! Zum Abschluss des Ausfluges spielten die Kinder auf einem riesigen Spielplatz. (75 Wörter)

2. Hast du die Fehler gefunden? Dann streiche diese Anfangsbuchstaben durch und schreibe sie richtig darüber.

3. Unterstreiche oben im Text das Nomen, das auf -keit endet.

4. Ordne die im Text unterstrichenen Wörter hier richtig ein.

   1) Nomen mit einem Artikel davor: ____________________

   2) Nomen mit Artikel und Adjektiv davor: ____________________

   3) Nomen mit einem Pronomen davor: ____________________

5. Suche sechs Nomen aus dem Text heraus. Schreibe sie in der Einzahl und in der Mehrzahl auf.

____

____

____

6. Schreibe den Text bei Aufgabe 1 als Adlerdiktat.
Dazu legst du den Text auf die Fensterbank. Dort liest du einen Satz oder einen Teil des Satzes und prägst ihn dir ein. Du läufst zu deinem Schreibplatz, wobei du deine Arme wie Adlerflügel benutzt. Dann schreibst du den Satz auf. So machst du es auch mit den nächsten Sätzen. Anschließend vergleichst du mit dem Text in der Lösung.

Ursula Lassert: Diktate und Rechtschreibübungen · Best.-Nr. 145
© Brigg Verlag KG, Friedberg

1 Satzanfänge, Nomen, Eigennamen **1B**

Satzanfänge, Nomen (der Mond) und Eigennamen (Jakob) werden immer großgeschrieben. Nomen werden oft von einem Artikel, einem Adjektiv oder einem Pronomen begleitet.

1. Berichtige den Text. Schreibe die Anfangsbuchstaben groß, wenn nötig.

ausflug in einen wilderlebnispark

gestern haben jan und elisa und ihre eltern einen herrlichen ausflug in einen großen wilderlebnispark gemacht. da gab es viel zu sehen und zu erleben. sie beobachteten, wie wild und ausgelassen die kleinen affenkinder auf den bäumen und seilen herumkletterten.
in der falknerei konnten sie die geschicklichkeit der großen greifvögel erleben.
später betrachteten sie von ihrem auto aus hirsche und wildpferde. das war spannend!
zum abschluss des ausfluges spielten die Kinder auf einem riesigen spielplatz. (75 Wörter)

2. Suche vier Nomen aus dem Text heraus. Schreibe sie in der Einzahl und in der Mehrzahl auf.

____

____

3. Bilde Nomen auf -heit und -keit. Schreibe mit Artikel.

dunkel + heit = die ______	traurig + keit = ______
gesund + heit = ______	einsam + keit = ______
schön + heit = ______	höflich + keit = ______

4. Schreibe so: der Gärtner – die Gärtnerin.

der Lehrer – ______	der Fahrer – ______
der Künstler – ______	der Maler – ______
der Architekt – ______	der Bauer – ______

5. Schreibe den Text bei Aufgabe 1 als Partnerdiktat.
Suche dir einen Partner oder eine Partnerin. Wechselt euch bei jedem Satz mit dem Diktieren ab. Anschließend vergleicht ihr den Text des Partners mit dem Text in der Lösung. Unterstreicht die falsch geschriebenen Wörter und macht dazu einen Strich an den Rand.

Ursula Lassert: Diktate und Rechtschreibübungen · Best.-Nr. 145
© Brigg Verlag KG, Friedberg

2 Adjektive

2A

Adjektive werden kleingeschrieben. Du kannst ein Adjektiv daran erkennen, dass es meistens bei einem Nomen steht (die nette Lehrerin). Adjektive werden nur dann großgeschrieben, wenn sie als Nomen verwendet werden (Ich wünsche dir alles **G**ute.). Außerdem kannst du Adjektive steigern (nett – netter – am nettesten).

1. Kreise die fünf Adjektive ein, die du hier findest. Dann schreibe sie auf.

   fhgtnlustiggdsrwtbnfklouihartsftwwütendkjhgfmutigkjoitzlanghbv

   ____

2. Füge jeweils das passende Adjektiv aus Aufgabe 1 hier ein. Jedes Wort kommt nur einmal vor. Achte dabei auf die richtige Form.

   Das ______________ Hündchen sprang über den Gebirgsbach.

   Alle lachten über den ______________ Clown.

   Der ______________ Pit war rot vor Zorn.

   Herr Pietsch war müde von der schrecklich ______________ Autofahrt.

   Anna fand die ______________ Holzsitze in dem alten Zug sehr unbequem.

3. Ergänze die fehlende Form der Adjektive.

schön	schöner	am schönsten
lang	______________	______________
______________	______________	am mutigsten
______________	härter	______________
lustig	______________	______________

4. Lies den Text. Unterstreiche dabei alle Adjektive.

Der Wüterich
DIE LUSTIGE LEXA UND DER MUTIGE MICHA TRAFEN GESTERN DEN WÜTENDEN WILLI IM TENNISCLUB. WILLI HATTE GERADE MAL WIEDER EIN SPIEL VERLOREN. Nun schrie und tobte er dort herum. Wie immer, wenn Willi wütend war, schmiss er die Tennisbälle und sogar seinen schönen Tennisschläger einfach auf den Platz.
Aber oh weh, dieses Mal traf der harte Schläger den Kopf seines Gegners. Willi wurde vom Platz verwiesen. Zwei Monate lang durfte er den Tennisplatz nicht mehr betreten.
DAS WAR WIRKLICH EINE LANGE ZEIT. (81 Wörter)

5. Schreibe den ersten und den letzten Satz richtig in dein Heft. Vergleiche dann mit dem Text in der Lösung.

Ursula Lassert: Diktate und Rechtschreibübungen · Best.-Nr. 145
© Brigg Verlag KG, Friedberg

2 Adjektive

2B

Adjektive werden kleingeschrieben. Du kannst ein Adjektiv daran erkennen, dass es meistens bei einem Nomen steht (die nette Lehrerin). Adjektive werden nur dann großgeschrieben, wenn sie als Nomen verwendet werden (Ich wünsche dir alles **G**ute.). Außerdem kannst du Adjektive steigern (nett – netter – am nettesten).

!

1. Kreise die Adjektive ein, die du hier findest. Dann schreibe sie auf.

fgroßnlustiggdsrwtdickbnfklouihartsftweichwwütendkjhgfmutigkjoinasstzlanghbvschönlk

____

2. Überlege, welches Adjektiv aus Aufgabe 1 am besten zu den Nomen der folgenden Sätze passt. Dann ergänze es. Achte dabei auf die richtige Form.

Das ____________ Hündchen sprang über den Gebirgsbach.

Alle lachten über den ____________ Clown.

Der ____________ Pit war rot vor Zorn.

Flora fand das gelbe T-Shirt ____________ als das rote.

Herr Pietsch war müde von der schrecklich ____________ Autofahrt.

Anna fand die ____________ Holzsitze in dem alten Zug sehr unbequem.

3. Ergänze die fehlende Form der Adjektive.

schön	schöner	am schönsten
lang	________	________
________	________	am mutigsten
________	härter	________
lustig	________	________

4. Lies den Text. Unterstreiche dabei alle Adjektive. Dann schreibe ihn richtig ab. Anschließend vergleichst du mit dem Lösungstext.

DER WÜTERICH

DIE LUSTIGE LEXA UND DER MUTIGE MICHA TRAFEN GESTERN DEN WÜTENDEN WILLI IM TENNISCLUB. WILLI HATTE GERADE MAL WIEDER EIN SPIEL VERLOREN. NUN SCHRIE UND TOBTE ER DORT HERUM. WIE IMMER, WENN WILLI WÜTEND WAR, SCHMISS ER DIE TENNISBÄLLE UND SOGAR SEINEN SCHÖNEN TENNISSCHLÄGER EINFACH AUF DEN PLATZ. ABER OH WEH, DIESES MAL TRAF DER HARTE SCHLÄGER DEN KOPF SEINES GEGNERS. WILLI WURDE VOM PLATZ VERWIESEN. ZWEI MONATE LANG DURFTE ER DEN TENNISPLATZ NICHT MEHR BETRETEN. DAS WAR WIRKLICH EINE LANGE ZEIT.

(81 Wörter)

Ursula Lassert: Diktate und Rechtschreibübungen · Best.-Nr. 145
© Brigg Verlag KG, Friedberg

3 Verben

3A

Verben sind Tätigkeitswörter (laufen, lesen). Sie sagen dir, was jemand tut. Du schreibst sie immer klein, auch wenn sie aus mehreren Wörtern zusammengesetzt sind (fortlaufen, zurückgehen). Du schreibst sie nur dann groß, wenn sie als Nomen gebraucht werden (Das Laufen macht Spaß. Das ist zum Lachen.).

1. Unterstreiche die Verben.

   Anne lebt mit ihrer Mutter im Schwarzwald. Über diesen Witz lachte die ganze Klasse.

   Gestern kaufte Alexia ein Computerspiel für ihre Freundin. Laura kam als Erste.

   Wann sagst du mir Bescheid, ob du kommst? Jan und Tom lesen gerne Krimis.

2. Ergänze das passende Verb.

   zurückfahren, aufschneiden, vorschreiben, hinuntersausen

   Jan wollte seinen Aufsatz erst einmal ______________________________.

   Mit dem Schlitten wollten sie den Abhang ______________________________.

   Sie wollten noch vor dem Unwetter nach Hause ______________________________.

   Constantin wollte das Paket mit einem Messer ______________________________.

3. Verwandle die Verben in Nomen.

wissen	– das Wissen	lachen	– zum ____________________
laufen	– das ____________________	lesen	– beim ____________________

4. Daniel hat in seinem Aufsatz fünf Fehler bei den Verben gemacht.
   Streiche jeweils den falschen Buchstaben durch und schreibe ihn richtig darüber.

So ein Geheimniskrämer!

Toni hat viele Geheimnisse. Er weiß, wo ein Igel Wohnt, aber er sagt es niemandem. Er weiß sogar, wo die Nutrias am See Leben, aber er zeigt sie niemandem. Er kennt einen tollen Platz zum Spielen, aber auch den Verrät er niemandem. So kann er dort immer nur allein Spielen. Wie langweilig! Die Kinder in der Schule mögen ihn nicht, weil er immer so tut, als wüsste er alles besser, aber nie etwas sagt. Sie Lassen ihn allein mit seinen Geheimnissen. (81 Wörter)

5. Schreibe den ersten Abschnitt als Igeldiktat.
   Dazu legst du den Text auf die Fensterbank. Dort liest du einen Satz oder einen Satzteil. Dann läufst du wie ein Igel zurück zu deinem Heft und schreibst ihn auf. Du läufst zurück zur Fensterbank, liest den nächsten Satz und so weiter. Vergleiche anschließend deinen Text mit dem Text in der Lösung. Lies dabei von hinten nach vorne.

Ursula Lassert: Diktate und Rechtschreibübungen · Best.-Nr. 145
© Brigg Verlag KG, Friedberg

3 Verben

3B

Verben sind Tätigkeitswörter (laufen, lesen). Sie sagen dir, was jemand tut. Du schreibst sie immer klein, auch wenn sie aus mehreren Wörtern zusammengesetzt sind (fortlaufen, zurückgehen). Du schreibst sie nur dann groß, wenn sie als Nomen gebraucht werden (Das Laufen macht Spaß. Das ist zum Lachen.).

1. Unterstreiche die Verben.

Anne lebt mit ihrer Mutter im Schwarzwald. Über diesen Witz lachte die ganze Klasse.

Gestern kaufte Alexia ein Computerspiel für ihre Freundin. Laura kam als Erste.

Wann sagst du mir Bescheid, ob du kommst? Jan und Tom lesen gerne Krimis.

Collin schreibt gerne lustige Gedichte. Wir haben gestern einen Frosch gesehen.

2. Ergänze das passende Verb.

zurückfahren, aufschneiden, vorschreiben, hinuntersausen, abholen

Jan wollte seinen Aufsatz erst einmal ______________________.

Mit dem Schlitten wollten sie den Abhang ______________________.

Sie wollten noch vor dem Unwetter nach Hause ______________________.

Constantin wollte das Paket mit einem Messer ______________________.

Tim will seine Freundin vom Sport ______________________.

3. Ergänze die Verben als Nomen (lachen, laufen, lesen).

Er liebt das ______________ durch den Wald. Er fand das Spiel zum ______________.

Beim ______________ hörte er immer leise Musik.

4. Daniel hat in seinem Aufsatz sieben Fehler bei den Verben gemacht. Streiche jeweils den falschen Buchstaben durch und schreibe ihn richtig darüber. Kreise das Verb ein, das als Nomen gebraucht wird.

So ein Geheimniskrämer!

Toni hat viele Geheimnisse. Er weiß, wo ein Igel Wohnt, aber er sagt es niemandem. Er weiß sogar, wo die Nutrias am See Leben, aber er zeigt sie niemandem. Er Kennt einen tollen Platz zum Spielen, aber auch den Verrät er niemandem. So kann er dort immer nur allein Spielen. Wie langweilig! Die Kinder in der Schule Mögen ihn nicht, weil er immer so tut, als wüsste er alles besser, aber nie etwas sagt. Sie Lassen ihn allein mit seinen Geheimnissen. (81 Wörter)

5. Schreibe den ganzen Text ohne Fehler auf dem Computer. Drucke ihn aus und vergleiche deinen Text anschließend mit dem Lösungstext. Lies dabei von hinten nach vorne.

Ursula Lassert: Diktate und Rechtschreibübungen · Best.-Nr. 145
© Brigg Verlag KG, Friedberg

4 Pronomen

4A

Pro-nomen heißt Für-wort. Pronomen stehen für Nomen oder Eigennamen.
Sie werden kleingeschrieben. Nur die Anredepronomen in einem Brief an eine Person, zu der du „Sie“ sagst, werden großgeschrieben (Sie, Ihnen, Ihre …).
Die Anredepronomen *du, ihr, euch* … kannst du in Briefen groß- oder kleinschreiben.

1. Kreise die Pronomen rot ein.

Gänse	heute	wir	ich	Haus	in	fertig
du	reiten	er	läuft	sie	uns	gern
euch	mir	steht	Tag	vor	dein	ihr

2. Ersetze die Nomen durch Pronomen.

1) Anna und Tom gehen nach Hause. ________ gehen nach Hause.
2) Peter schaut dem Spiel zu. ________ schaut dem Spiel zu.
3) Lena trifft ihren Freund. ________ trifft ihren Freund.
4) Ich habe Toni gestern gesehen. Ich habe ________ gestern gesehen.

3. Kreise nur die Pronomen ein, die dir sagen, wem etwas gehört.

ich	du	mein	er	sie	dein	sein
es	wir	euer	ihren	unser	sie	ihre

4. Unterstreiche die Anredepronomen blau.

Liebe Frau Hannen,

in diesen Ferien wandere ich mit meinen Eltern auf dem Eifelsteig von Trier nach Aachen. Kennen Sie die Eifel? Manchmal ist es hier ganz einsam. Aber das ist sehr schön. Dann hört man nur die Vögel singen. Das erinnert mich an Ihr Vogelbuch, das Sie uns in der Schule gezeigt haben.

Ich wünsche Ihnen schöne Ferien und grüße Sie herzlich

Ihre Ulla

(62 Wörter)

5. Schreibe den Text sorgfältig auf einen Bogen Briefpapier. Absender, Datum, Anrede und Unterschrift darfst du erfinden. Anschließend vergleichst du mit dem Text in der Lösung.

Ursula Lassert: Diktate und Rechtschreibübungen · Best.-Nr. 145
© Brigg Verlag KG, Friedberg

4 Pronomen

4B

Pro-nomen heißt Für-wort. Pronomen stehen für Nomen oder Eigennamen.
Sie werden kleingeschrieben. Nur die Anredepronomen in einem Brief an eine Person, zu der du „Sie“ sagst, werden großgeschrieben (Sie, Ihnen, Ihre ...).
Die Anredepronomen *du, ihr, euch ...* kannst du in Briefen groß- oder kleinschreiben.

1. Kreise die Pronomen rot ein.

Gänse heute wir ich Haus in fertig du reiten er lacht

läuft sie uns gern euch mir steht Tag vor Spiel frei es ihr

2. Ersetze die unterstrichenen Wörter durch Pronomen.

1) Anna und ich gehen nach Hause.	_____ gehen nach Hause.
2) Peter schaut dem Spiel zu.	_____ schaut dem Spiel zu.
3) Lena trifft ihren Freund.	_____ trifft ihren Freund.
4) Ich habe dich und Toni gestern gesehen.	Ich habe _____ gestern gesehen.
5) Gestern habe ich Till getroffen.	Gestern habe ich _____ getroffen.
6) Heute Morgen ging Mia zu Omi.	Heute Morgen ging _____ zu Omi.

3. Kreise nur die Pronomen ein, die dir sagen, wem etwas gehört.

ich hier du mein dort er sie dein aus sein

es wir heute euer ihren gern unser sie ihre

4. Ergänze in diesem Brief die Anredepronomen Ihnen, Ihr, Ihre, Sie, Sie, Sie.

Liebe Frau Hannen,

in diesen Ferien wandere ich mit meinen Eltern auf dem Eifelsteig von Trier nach Aachen. Kennen _____ die Eifel? Manchmal ist es hier ganz einsam. Aber das ist sehr schön. Dann hört man nur die Vögel singen. Das erinnert mich an _____ Vogelbuch, das _____ uns in der Schule gezeigt haben.

Ich wünsche _____ schöne Ferien und grüße _____ herzlich

_____ Ulla

(62 Wörter)

5. Schreibe selbst einen Brief sorgfältig auf einen guten Briefbogen. Denke dabei an Absender, Datum, Anrede und Unterschrift. Anschließend vergleichst du mit dem Text in der Lösung.

Ursula Lassert: Diktate und Rechtschreibübungen · Best.-Nr. 145
© Brigg Verlag KG, Friedberg

Test: Groß- und Kleinschreibung

A

1. Bilde Nomen auf -heit und -keit.

heiter – ______________ gemein – ______________

frech – ______________ dankbar – ______________ **4 P**

2. Kreise nur die sechs Nomen ein.

EINLADEN HAUS GLÜCK HALTEN BUCH FERTIG

WUT MÜDE KLEID ENG FREIHEIT HEIZEN **6 P**

3. Wie heißt die Frau?

der Gärtner – die ______________ der Architekt – ______________

der Bäcker – ______________ der Friseur – ______________ **4 P**

4. Schreibe die Sätze richtig.

Dreihübschemädchengeheninshaus.

____

Dieschnellsteläuferinbekommteinenpreis.

______________________________ **2 P**

5. Ersetze durch Pronomen.

1) Ina und Tim gehen zum Bus. ________ gehen zum Bus.

2) Ich habe gestern Lilly gesehen. Ich habe ________ gestern gesehen.

3) Ulf hat Robin heute getroffen. Ulf hat ________ heute getroffen. **3 P**

6. Welche Anredepronomen schreibst du in einem Brief groß? Kreuze an.

1) Anredepronomen an vertraute Personen ☐

2) Anredepronomen an Personen, zu denen ich „Sie“ sage ☐ **1 P**

Punktespiegel:
20–19 = sehr gut, 18–16 = gut, 15–12 = befriedigend,
11–8 = ausreichend, weniger als 8 = mangelhaft

Ursula Lassert: Diktate und Rechtschreibübungen · Best.-Nr. 145
© Brigg Verlag KG, Friedberg

Test: Groß- und Kleinschreibung

B

1. Bilde Nomen auf -heit und -keit.

heiter – ____________, gemein – ____________, krank – ____________

frech – ____________, dankbar – ____________, traurig – ____________ **6 P**

2. Kreise nur die Nomen ein.

EINLADEN HAUS GLÜCK HALTEN BUCH FERTIG

WUT MÜDE KLEID ENG FREIHEIT HEIZEN **6 P**

3. Wie heißt die Frau?

der Gärtner – die____________ der Architekt – ____________

der Bäcker – ____________ der Friseur – ____________ **4 P**

4. Schreibe die Sätze richtig.

Dreihübschemädchengehenleiseinshaus.

____

Dieschnellsteläuferinbekommtdenerstenpreis.

____ **2 P**

5. Ersetze durch Pronomen.

1) Ina und Tim gehen zum Bus. ____________ gehen zum Bus.

2) Jan und ich kaufen Gemüse und Obst. ____________ kaufen Gemüse und Obst.

3) Till hat Lilly gestern gesehen. ____________ hat ____________ gestern gesehen.

4) Mia hat Robin heute getroffen. ____________ hat ____________ heute getroffen. **4 P**

6. Welche Anredepronomen schreibst du in einem Brief groß? Kreuze an.

1) Anredepronomen an vertraute Personen ☐

2) Anredepronomen an Personen, zu denen ich „Sie" sage ☐ **1 P**

Punktespiegel:
23–22 = sehr gut, 21–19 = gut, 18–15 = befriedigend,
14–11 = ausreichend, weniger als 11 = mangelhaft

Ursula Lassert: Diktate und Rechtschreibübungen · Best.-Nr. 145
© Brigg Verlag KG, Friedberg

1 Wörter mit Dehnungs-*h* 1A

Das Dehnungs-*h* zeigt, dass ein Selbstlaut lang gesprochen wird. Das *h* selbst kannst du nicht hören. Das Dehnungs-*h* bleibt **immer** bei „seinem" Selbstlaut, auch wenn das Wort getrennt wird (Leh-rer). !

1. Welche Wörter passen in die Kästchen?

   Jahr Kuh Hühner dreizehn wohnen mehrere kräht Hahn ähnlich Kehle

   1) 2) 3)

2. Löse das Rätsel.

   jahrwohnenhühnerdreizehnhahnkräht

   1) Einzahl von Hähne
   2) 12 Monate sind ein
   3) krähen – er …
   4) Mehrzahl von Huhn
   5) Grundform von (sie) wohnt
   6) nach 12 folgt die Zahl

3. Lies den folgenden Text und unterstreiche dabei sorgfältig alle Wörter mit Dehnungs-h. Nimm dazu einen spitzen Stift und ein Lineal.

Tante Margas Hühnerhof

Jedes Jahr im Sommer wohnen wir zwei Wochen bei Tante Marga in einem kleinen Dorf am Müritzsee. Sie hat mehrere Tiere: zwei Pferde, eine Kuh, dreizehn Hühner und einen großen bunten Hahn. Sobald es morgens hell wird, kräht der Hahn aus voller Kehle. Obwohl die Hühner sehr ähnlich aussehen, kennt Tante Marga sie alle. Sie hat sogar jedem Tier einen Namen gegeben. Der Hahn heißt August und seine Lieblingsfrau Auguste.

(70 Wörter)

4. Schreibe den ersten Abschnitt des Textes als Huhndiktat.
   Lege dazu den Text auf die Fensterbank oder sogar in das Nachbarzimmer. Lies einen Satz und präge ihn dir gut ein. Dann läufst du flatternd und kreischend wie ein Huhn zu deinem Arbeitsplatz zurück. Dort schreibst du den Satz, flatterst wie oben zurück zu deinem Heft und so weiter. Anschließend vergleichst du die Texte.

Ursula Lassert: Diktate und Rechtschreibübungen · Best.-Nr. 145
© Brigg Verlag KG, Friedberg

1 Wörter mit Dehnungs-*h* 1B

Das Dehnungs-*h* zeigt, dass ein Selbstlaut lang gesprochen wird. Das *h* selbst kannst du nicht hören. Das Dehnungs-*h* bleibt **immer** bei „seinem" Selbstlaut, auch wenn das Wort getrennt wird (Leh-rer).

1. Ergänze ah, äh, eh, oh, uh, üh.

   die K______, m______rere, dreiz______n, das J______r, w______nen,

   der H______n, ______nlich, die H______ner, die K______le, er kr______t

2. Trenne die Wörter aus Aufgabe 1, wenn möglich.
   Vorsicht! Vier davon kannst du nicht trennen.

   ____

   ____

3. Nun ergänze die fehlenden Wörter oder Wortteile aus Aufgabe 1 hier im Text.

Tante Margas Hühnerhof

Jedes ________ im Sommer ________nen wir zwei Wochen bei Tante Marga in einem kleinen Dorf am Müritzsee. Sie hat ________rere Tiere: zwei Pferde, eine ________, drei________ Hühner und einen großen bunten Hahn. Sobald es morgens hell wird, der Hahn aus voller ________le. Obwohl die ________ner sehr ________lich aussehen, kennt Tante Marga sie alle. Sie hat sogar jedem Tier einen Namen gegeben. Der ________ heißt August und seine Lieblingsfrau Auguste. (70 Wörter)

4. Mit oder ohne Dehnungs-h? Ergänze es dort, wo es nötig ist.
   Streiche die Lücken durch, wenn kein Dehnungs-h stehen darf.

   Rotke___lchen, gefä___rlich, belo___nen, se___geln, Stro___ballen, Za___nspange, Hu___t,

   beque___m, Fe___ler, a___nen, Armbandu___r, bo___ren ,Tu___be, F___der, Wasserha___n

5. Schreibe den Text bei Aufgabe 3 als Huhndiktat.
   Lege dazu den Text auf die Fensterbank oder sogar in das Nachbarzimmer. Lies einen Satz und präge ihn dir gut ein. Dann läufst du flatternd und kreischend wie ein Huhn zu deinem Arbeitsplatz zurück. Dort schreibst du den Satz, flatterst wie oben zurück zu deinem Heft und so weiter. Anschließend vergleichst du mit dem Lösungstext.

Ursula Lassert: Diktate und Rechtschreibübungen · Best.-Nr. 145
© Brigg Verlag KG, Friedberg

2 Wörter mit langem *i (i, ie, ih)* 2A

Das lange *i* wird fast immer als *ie* geschrieben (Biene, Wiese).
Ein *h* hinter dem *i* gibt es nur bei den Pronomen (ihm, ihr, ihnen ...).
Das lange *i* ist selten. Diese Wörter musst du dir einfach merken.

1. Suche Reimwörter.

nieder	sprießen	die	schliefen
w________	gen________	s________	l________
biegen	Schienen	Riese	geschielt
Fl________	B________	W________	gesp________

2. Ergänze ie oder ih. Lies dir vorher oben den Merksatz genau durch.

v_____l Geld　　die T_____re　　mit _____nen　　das neug_____rige Kind

_____re Katze　　die Sp_____lpause　　mit _____m

3. Lies den Text und unterstreiche alle Wörter mit ie rot.
Nimm dazu einen spitzen Stift und ein Lineal.

Spielpause

Jo und Gritt liegen im Garten auf der Wiese und genießen den Sonnenschein. Sie hatten lange mit ihren beiden neuen Kaninchen gespielt. Das hatte ihnen viel Spaß gemacht, denn die beiden Tiere waren neugierig und wollten alles erforschen. Jo und Gritt mussten aufpassen, dass sie nicht wegliefen. Das war ziemlich anstrengend. Nun sind alle richtig müde. Ein paar Fliegen und Bienen summen immer wieder um die Kinder herum. Aber die beiden lassen sich nicht stören. (74 Wörter)

4. Schreibe den Text als Würfeldiktat.
Dazu brauchst du mindestens drei Kinder. Wer zuerst eine 6 würfelt, darf den ersten Satz diktieren. Danach wird neu gewürfelt. Wer nun eine 6 würfelt, diktiert den nächsten Satz und so weiter. Anschließend gibt jedes Kind seinen geschriebenen Text dem rechten Nachbarn. Dieser vergleicht mit der Vorlage und streicht die Fehler an.

Ursula Lassert: Diktate und Rechtschreibübungen · Best.-Nr. 145
© Brigg Verlag KG, Friedberg

2 Wörter mit langem *i (i, ie, ih)* 2B

Das lange *i* wird fast immer als *ie* geschrieben (Biene, Wiese).
Ein *h* hinter dem *i* gibt es nur bei den Pronomen (ihm, ihr, ihnen ...).
Das lange *i* ist selten. Diese Wörter musst du dir einfach merken.

1. Oh, eine Geheimschrift? Erkennst du die zehn Wörter? Schreibe sie richtig auf.

   Mus ikgenie ßenZwie belge spieltKaninc henviel neugi erigTie reTig erverl ieren

   ____

   ____

2. Suche Reimwörter.

schliefen	liegen	Liese	Schienen	Lieder	Kabine
l______	Fl______	W______	B______	w______	Masch______

3. Ergänze das Präteritum (sie bleiben – sie blieben).

sie fallen	– sie ______	sie scheinen	– sie ______
sie laufen	– sie ______	sie schreiben	– sie ______

4. Unterstreiche im folgenden Text alle Wörter mit ie rot. Nimm dazu einen spitzen Stift und ein Lineal. Zweimal sind zwei Wörter vertauscht worden. Berichtige dort mit einer Klammer: (finde ich).

Spielpause

Jo und Gritt liegen im Garten auf der Wiese und genießen den Sonnenschein. Sie hatten lange mit ihren beiden neuen Kaninchen gespielt. Das ihnen hatte viel Spaß gemacht, denn die beiden Tiere waren neugierig und wollten alles erforschen. Jo und Gritt mussten aufpassen, dass sie nicht wegliefen. Das war ziemlich anstrengend. Nun sind alle richtig müde. Ein paar Fliegen und Bienen summen immer wieder um die Kinder herum. Aber beiden die lassen sich nicht stören. (74 Wörter)

5. Schreibe den Text als Würfeldiktat.
   Dazu brauchst du mindestens drei Kinder. Wer zuerst eine 6 würfelt, darf den ersten Satz diktieren. Danach wird neu gewürfelt. Wer nun eine 6 würfelt, diktiert den nächsten Satz und so weiter. Anschließend gibt jedes Kind seinen geschriebenen Text dem rechten Nachbarn. Dieser vergleicht mit der Vorlage und streicht die Fehler an.

Ursula Lassert: Diktate und Rechtschreibübungen · Best.-Nr. 145
© Brigg Verlag KG, Friedberg

3 Wörter mit doppelten Selbstlauten

3A

Die doppelten Selbstlaute werden lang gesprochen. Sie bleiben immer zusammen, auch wenn das Wort getrennt wird (Haa-re). Es gibt nicht viele Wörter mit *aa, ee, oo.* Am besten lernst du sie auswendig.

1. Ordne diese Wörter dem Alphabet nach.

   See, Hausboot, Moor, Teeblätter, Beere, paar, Haar, Tee

2. Schreibe vier davon in die Kästchen.

1) 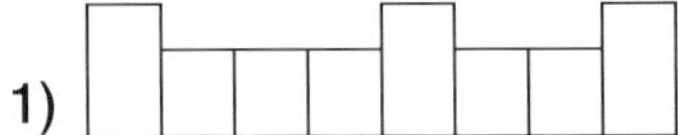 2)  3) 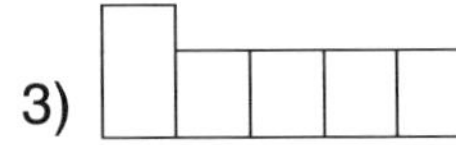 4) 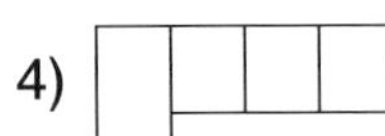

3. Erkennst du die zusammengesetzten Nomen? Schreibe sie mit Artikel auf.

   haarspangeaaamotorbootaaaateeblätteraaaerdbeereaaaseeuferaahausbootaa

   die Haarspange,

4. Lies den Text laut und deutlich. Vorsicht! Drei Wörter gehören nicht in diesen Text. Streiche sie durch.

Der Muntermacher

Eva und ihre Mutter kommen müde von einer Wanderung rund um den See zurück. In ihrem Hausboot bereiten sie sofort einen leckeren Tee Schnee zu.

Mutter gibt einen kleinen Löffel voll Teeblätter in eine Kanne. Sie gießt heißes Wasser darüber und lässt den Tee See vier Minuten ziehen. Dann nimmt sie die Teeblätter wieder heraus. Kurz darauf gießt Eva den goldgelben Fee Tee in weiße Porzellantassen. Und tatsächlich, ein paar Minuten später sind beide wieder munter. (76 Wörter)

5. Schreibe den zweiten Abschnitt in Zwergenschrift ab.
   Schreibe so klein wie möglich. Dabei lässt du natürlich die überflüssigen Wörter weg. Anschließend vergleichst du mit dem Lösungstext.

Ursula Lassert: Diktate und Rechtschreibübungen · Best.-Nr. 145
© Brigg Verlag KG, Friedberg

3 Wörter mit doppelten Selbstlauten

3B

Die doppelten Selbstlaute werden lang gesprochen. Sie bleiben immer zusammen, auch wenn das Wort getrennt wird (Haa-re). Es gibt nicht viele Wörter mit *aa, ee, oo.* Am besten lernst du sie auswendig.

1. Ergänze aa, ee oder oo.

der Z_____eingang	die Himb_____re	die S_____rose	der Tanzs_____l
das Nordm_____r	das Blumenb_____t	ein p_____r	T_____blätter
das Hausb_____t	der Schn_____mann	das H_____r	der T_____

2. Kreise oben die Wörter ein, die drei Silben haben.

3. Hier stimmt etwas nicht. Setze die Wörter richtig zusammen und schreibe sie auf. Schreibe mit Artikel.

Früchteboot, Tulpentee, Stachelmeer, Hausbeere, Nordbeet

der Früchtetee, ____

____

4. Lies den Text laut und deutlich. Streiche dabei die fünf überflüssigen Wörter durch.

Der Muntermacher

Eva und ihre Mutter kommen müde von einer Wanderung rund um den See zurück. In ihrem Hausboot bereiten Moor sie sofort einen leckeren Tee Schnee zu. Mutter gibt einen kleinen Löffel voll Teeblätter in eine Kanne. Sie gießt heißes Wasser darüber und lässt den Tee See vier Minuten ziehen. Dann nimmt sie die Teeblätter wieder heraus. Kurz darauf gießt Eva den goldgelben Fee Tee in weiße Porzellantassen. Und tatsächlich, ein paar Minuten später sind beide Haar wieder munter. (76 Wörter)

5. Schreibe den Text als Schleichdiktat.
Dazu legst du das Blatt neben dein Heft. Du liest zunächst einen Satz oder einen Satzteil und merkst ihn dir. Nun schleichst du einmal um den Tisch herum, bis du wieder bei deinem Heft angekommen bist. Dann schreibst du den Satz oder den Satzteil auf. So machst du es auch mit den nächsten Sätzen. Anschließend vergleichst du mit dem Lösungstext.

Ursula Lassert: Diktate und Rechtschreibübungen · Best.-Nr. 145
© Brigg Verlag KG, Friedberg

4 Wörter mit doppelten Mitlauten

4A

Hinter einem kurzen Selbstlaut steht oft ein doppelter Mitlaut. Wenn Wörter zusammengesetzt werden, bleiben immer alle Buchstaben erhalten (ve**rr**aten, Fah**rr**ad, Be**ttt**uch). Steht ein doppelter Mitlaut zwischen zwei Selbstlauten, dann wird der zweite Mitlaut auf die neue Zeile geschrieben (Ham-mer).

1. Bilde Verben mit den Silben.

-fen, -men, -len, -nen, -pern, -ren, -sen, -ten

kom______ ken______ ret______ fas______

mur______ plap______ tref______ fal______

2. Bilde die zweite und die dritte Person Einzahl der Verben aus Aufgabe 1.

du kommst, er kommt; ____________________

3. Löse das Rätsel.
   1) du schläfst in einem …
   2) Pferde wohnen in einem …
   3) Gegenteil von teuer
   4) der Tag nach Samstag
   5) ein weißes Pferd heißt …

4. Markiere mit einem hellen Textmarker alle Wörter mit doppelten Mitlauten.
   Mache bei diesen Wörtern einen Punkt unter den kurzen Selbstlaut.

Entspannen hilft beim Lernen

Jeden Mittwoch treffen sich 10 Kinder aus der 3a am Nachmittag in einem Klassenraum. Schnell rollen sie Decken aus, legen sich darauf, schließen die Augen und atmen tief durch. Während sie auf das gleichmäßige Atmen achten, denken sie an etwas Schönes. So versuchen sie, sich zu entspannen. Das ist gar nicht so einfach! Aber sie wollen das Geheimnis der Entspannung lernen, denn sie haben schon gemerkt, dass es gut tut und das Lernen leichter macht.

(75 Wörter)

5. Schreibe die ersten drei Zeilen ab.
   Dabei sprichst du halblaut aber deutlich vor dich hin. Anschließend vergleichst du mit dem Lösungstext.

Ursula Lassert: Diktate und Rechtschreibübungen · Best.-Nr. 145
© Brigg Verlag KG, Friedberg

4 Wörter mit doppelten Mitlauten

4B

Hinter einem kurzen Selbstlaut steht oft ein doppelter Mitlaut. Wenn Wörter zusammengesetzt werden, bleiben immer alle Buchstaben erhalten (ve**rr**aten, Fah**rr**ad, Be**ttt**uch). Steht ein doppelter Mitlaut zwischen zwei Selbstlauten, dann wird der zweite Mitlaut auf die neue Zeile geschrieben (Ham-mer).

!

1. Ergänze die fehlenden Formen.

rennen	ich renne	du rennst	er rennt
______	ich summe	______	______
______	______	______	sie rollt
______	ich will	______	______
______	______	______	er hofft
______	ich treffe	______	______

2. Bilde zusammengesetzte Wörter.

treffen + Punkt	= ______	brennen + Holz	= ______
ver + raten	= ______	fahren + Rad	= ______
ab + bauen	= ______	ver + rechnen	= ______
zer + reißen	= ______	Stoff + Tier	= ______

3. Ergänze die im Text fehlenden Silben.

-fen, len-, Mitt-, -nen, -nen, -nung, rol-, -sen-, -tag

Entspan______ hilft beim Lernen

Jeden ______woch tref______ sich 10 Kinder aus der 3a am Nachmit______ in einem Klas______raum. Schnell______len sie Decken aus, legen sich darauf, schließen die Augen und atmen tief durch. Während sie auf das gleichmäßige Atmen achten, denken sie an etwas Schönes. So versuchen sie, sich zu entspan______. Das ist gar nicht so einfach! Aber sie wol______ das Geheimnis der Entspan______ lernen, denn sie haben schon gemerkt, dass es gut tut und das Lernen leichter macht.

(75 Wörter)

4. Schreibe den Text als Partnerdiktat.
Suche dir einen Partner oder eine Partnerin. Wechselt euch bei jedem Satz mit dem Diktieren ab. Anschließend vergleicht ihr den Text des Partners mit dem Lösungstext. Unterstreicht dabei die falschen Wörter und macht einen Strich an den Rand.

Ursula Lassert: Diktate und Rechtschreibübungen · Best.-Nr. 145
© Brigg Verlag KG, Friedberg

5 Wörter mit *ck* und *tz*

5A

Das *ck* und das *tz* stehen immer nur nach einem kurzen Selbstlaut. Sie sind in allen Wörtern einer Wortfamilie enthalten (schlucken, verschluckt; Witz, witzig). Vielleicht hilft dir der Spruch: „Nimm die Regel mit ins Bett: Nach langen Lauten nie *ck* und nie *tz*.“

1. Schreibe die Grundform der Verben.

geschnitzt	– schnitzen	gewackelt	– ______________
geblitzt	– ______________	geflitzt	– ______________
getickt	– ______________	gejuckt	– ______________
gepackt	– ______________	gesetzt	– ______________

2. Hier sind vier Wortfamilien durcheinandergeraten. Ordne sie.

Bäcker, erschreckt, verletzt, Bäckerei, angekratzt, Verletzung, backt, Verletzter, Kratzer, Schreck, Kratzbürste, schrecklich

verletzen: ______________________________

kratzen: ______________________________

erschrecken: ______________________________

backen: ______________________________

3. Ergänze tz oder ck und mache bei diesen Wörtern einen Punkt unter den kurzen Selbstlaut.

Wie der Blitz

Es ist ein heißer Julitag. Der vierjährige Toby si___t auf der Wiese und spielt mit seiner kleinen Ka___e. Da entde___t er in der Nähe eine Regenpfü___e. Er strahlt. So ein Glü___, da wird Maunz sich freuen! Schnell pa___t er die Ka___e und trägt sie dorthin. Je näher sie der Pfü___e kommen, desto mehr schreit und kra___t Maunz. Als er sie in das kühle Wasser se___en will, rast sie wie der Bli___ davon. Kannst du dir denken, warum?

(77 Wörter)

4. Schreibe den Text als Würfeldiktat.
Dazu brauchst du mindestens drei Kinder. Wer zuerst eine 6 würfelt, darf den ersten Satz diktieren. Danach wird neu gewürfelt. Wer nun eine 6 würfelt, diktiert den nächsten Satz und so weiter. Anschließend gibt jedes Kind seinen geschriebenen Text dem rechten Nachbarn. Dieser vergleicht mit dem Lösungstext und streicht die Fehler an.

Ursula Lassert: Diktate und Rechtschreibübungen · Best.-Nr. 145
© Brigg Verlag KG, Friedberg

5 Wörter mit *ck* und *tz*

5B

Das *ck* und das *tz* stehen immer nur nach einem kurzen Selbstlaut. Sie sind in allen Wörtern einer Wortfamilie enthalten (schlucken, verschluckt; Witz, witzig). Vielleicht hilft dir der Spruch: „Nimm die Regel mit ins Bett: Nach langen Lauten nie *ck* und nie *tz*."

1. Ergänze die fehlenden Formen.

sitzen	ich sitze	du sitzt	er sitzt
________	ich schwitze	________	________
________	________	du pflückst	________
________	________	________	sie schluckt

2. Ordne die vier Wortfamilien und mache bei diesen Wörtern einen Punkt unter den kurzen Selbstlaut.

Verletzung, backen, angekratzt, erschrecken, Kratzbürste, Bäcker, verletzen, backt, kratzen, Bäckerei, Verletzter, Backpflaume, erschreckt, Kratzer, schrecklich, verletzbar, Schreck, verletzt, verkratzt

____

____

____

____

3. Ergänze tz oder ck.

Glü___ si___t kra___t entde___t se___en Pfü___e pa___t

4. Setze das passende Wort aus Aufgabe 3 hier ein.

Wie der Blitz

Es ist ein heißer Julitag. Der vierjährige Toby ________ auf der Wiese und spielt mit seiner kleinen Katze. Da ________ er in der Nähe eine Regenpfütze. Er strahlt. So ein ________, da wird Maunz sich freuen! Schnell ________ er die Katze und trägt sie dorthin. Je näher sie der ________ kommen, desto mehr schreit und ________ Maunz. Als er sie in das kühle Wasser ________ will, rast sie wie der Blitz davon. Kannst du dir denken, warum?

(77 Wörter)

5. Schreibe den Text so schnell wie möglich ab. Überprüfe mit einer Uhr, wie lange du brauchst. Anschließend vergleichst du Wort für Wort mit dem Text in der Lösung, am besten von hinten nach vorne.

Ursula Lassert: Diktate und Rechtschreibübungen · Best.-Nr. 145
© Brigg Verlag KG, Friedberg

Test: Dehnung und Schärfung

A

1. Ergänze das Dehnungs-h, wenn nötig.

Sie wo___nt hier. I___re Familie le___bt seit fünf Ja___ren in Köln. **4 P**

Der Ha___n krä___t jeden Mo___rgen. Toni ma___lt ein großes Bild. **4 P**

Lena sieht i___rer Mutter se___r ä___nlich. **3 P**

2. Ergänze i, ie oder ih.

Kai und Robin sp___len auf der W___se. **2 P**

Herr Hilger gibt ___nen Mandar___nen und Ros___nen. **3 P**

V___le B___nen fl___gen um die Apfelblüten herum. **3 P**

Lastwagen transportieren v___le versch___dene Waren. **2 P**

3. Ergänze aa, ee oder oo.

Vorsichtig wandern sie durch das M___rgebiet. **1 P**

Herr Fell hat ein Motorb___t gemietet. **1 P**

Anne pflückt Erdb___ren im Garten. **1 P**

Lisa kämmt ihre langen H___re. **1 P**

4. Ergänze die doppelten Mitlaute.

Ha___er, schwi___en, Fußbä___e **3 P**

ve___aten, Fah___äder, Tre___enhaus **3 P**

5. Ergänze z oder tz.

Bli___e zucken über den Himmel. Der gebrochene Fuß schmer___t sehr. **2 P**

Mia findet eine win___ige Maus. Kevin und Lill s___en auf der Mauer. **2 P**

6. Ergänze k oder ck.

Kran___enhaus, Rü___en, star___, tan___en **4 P**

Stö___e, verwel___t, Brü___e, Topfde___el **4 P**

Punktespiegel:
43–41 Punkte = sehr gut, 40–36 Punkte = gut, 35–27 Punkte = befriedigend,
26–18 Punkte = ausreichend, weniger als 18 Punkte = mangelhaft

Ursula Lassert: Diktate und Rechtschreibübungen · Best.-Nr. 145
© Brigg Verlag KG, Friedberg

Test: Dehnung und Schärfung B

1. Ergänze das Dehnungs-h, wenn nötig.

Sie wo___nt hier. I___re Familie le___bt seit fü___nf Ja___ren in Köln. **5 P**

Der Ha___n krä___t jeden Mo___rgen. Toni ma___lt ein gro___ßes Bild. **5 P**

Lena sie___t i___rer Mutter se___r ä___nlich. **4 P**

Me___rere Freundinnen gehen nach der Schu___le ins Ki___no. **3 P**

2. Ergänze i, ie oder ih.

Kai und Robin sp___len auf der W___se. **2 P**

Herr Hilger l___gt im L___gestuhl und gen___ßt die Sonne. **3 P**

Jonas kauft Mandar___nen und Ros___nen. **2 P**

Im Zoo sah Uli T___ger, B___ber und Krokod___le. **3 P**

Lastwagen transport___en v___le versch___dene Waren. **3 P**

3. Ergänze aa, ee oder oo.

Vorsichtig wandern sie durch das M___rgebiet. Herr Fell hat ein Motorb___t **2 P**

gemietet. Anne pflückt Erdb___ren im Garten. Lisa kämmt ihre langen H___re. **2 P**

4. Ergänze die doppelten Mitlaute.

Ha___er, schwi___en, Fußbä___e, ve___aten, Fah___äder, **5 P**

Tre___enhaus, Sto___tier, he___lich, vie___eicht, Halske___e **5 P**

5. Ergänze z oder tz.

Bli___e zucken über den Himmel. Der gebrochene Fuß schmer___t sehr. **2 P**

Mia findet eine win___ige Maus. Kevin und Lill s___en auf der Mauer. **2 P**

Bei der großen Hi___e trockneten die meisten Pil___e sehr schnell. **2 P**

6. Ergänze k oder ck.

kran___, Rü___en, star___, tan___en, Stö___e, verwel___t, Brü___e, Stü___e, **8 P**

Gelen___e, kna___en, Schne___e, Bä___er , win___en, Fal___e **6 P**

Punktespiegel:
64–61 Punkte = sehr gut, 60–55 Punkte = gut, 54–43 Punkte = befriedigend,
42–30 Punkte = ausreichend, weniger als 30 Punkte = mangelhaft

___

___

Ursula Lassert: Diktate und Rechtschreibübungen · Best.-Nr. 145
© Brigg Verlag KG, Friedberg

1 Wörter mit *äu* und *eu* 1A

Die Wörter mit *äu* sind meistens verwandte Wörter von *au*. Viele *au*-Wörter haben in der Mehrzahl und in der Verkleinerung ein *äu*. Die verwandten Wörter der *eu*-Wörter haben immer ein *eu*, auch in der Mehrzahl und bei der Verkleinerung.

1. Bilde die Mehrzahl (Maus – Mäuse).

Strauch	– ______	Haus	– ______
Kraut	– ______	Schlauch	– ______

2. Hexe Malefizia zaubert manchmal alles klein. Kannst du das auch?

Maus	– Mäuschen	Kauz	– ______
Baum	– ______	Mauer	– ______
Traube	– ______	Daumen	– ______

3. Male die verwandten Wörter mit derselben Farbe an.

freuen	bauen	Traum	tauschen	rauschen
Geräusch	Gebäude	Freude	träumen	täuschen
freundlich	geträumt	getäuscht	gerauscht	Bauer

4. Male die eu-Wörter rot an. Streiche die vier Wörter durch, die rückwärts geschrieben sind. Schreibe sie richtig darüber.

Die Hexe Malefizia

Die Hexe Malefizia arbeitet gerade im Kräutergarten von Gut Malefiz. Eines Tages hatte sie die alten Gebäude zwischen riesigen Nrehcuärts und Bäumen entdeckt. Spinnweben hingen an den blinden Fenstern und Eulen wohnten in der alten Enuehcs. Aber für Malefizia war es der schönste Ort der Welt und so zog sie sofort ein. Seit vielen Jahren lebt sie nun schon hier mit Emma, dem Nehczuäk. Ach, wie schön gräulich kann Emma heulen! Obwohl Malefizia das Heulen jeden Tag übt, will es ihr bis etueh nicht gelingen. (85 Wörter)

5. Schreibe die ersten drei Sätze als Hexendiktat.
Dazu legst du den Text ins Nachbarzimmer. Dort liest du einen Satz oder einen Satzteil. Du steigst auf deinen Hexenbesen und „fliegst" zurück zu deinem Heft und schreibst das Gelesene auf. So machst du es auch mit den nächsten Sätzen. Wenn du fertig bist, vergleichst du deinen Text mit dem Text in der Lösung.

Ursula Lassert: Diktate und Rechtschreibübungen · Best.-Nr. 145
© Brigg Verlag KG, Friedberg

1 Wörter mit *äu* und *eu* 1B

Die Wörter mit *äu* sind meistens verwandte Wörter von au. Viele *au*-Wörter haben in der Mehrzahl und in der Verkleinerung ein *äu*. Die verwandten Wörter der *eu*-Wörter haben immer ein *eu*, auch in der Mehrzahl und bei der Verkleinerung. !

1. Bilde die Mehrzahl (Maus – Mäuse).

Strauch – ______ Haus – ______ Zaun – ______

Kraut – ______ Schlauch – ______ Baum – ______

2. Hexe Malefizia zaubert manchmal alles klein. Kannst du das auch?

Maus – Mäuschen Kauz – ______ Daumen – ______

Mauer – ______ Traube – ______ Baum – ______

Pflaume – ______ Raupe – ______

3. Schreibe ein passendes au-Wort dazu. Manchmal gibt es mehrere Möglichkeiten.

äußerlich – ______ Geräusch – ______

Mäuschen – ______ eingezäunt – ______

gräulich – ______ läuten – ______

träumen – ______ Verkäuferin – ______

4. Male die äu-Wörter rot an. Streiche die sechs Wörter durch, die rückwärts geschrieben sind. Schreibe sie richtig darüber.

Die Hexe Malefizia

Die Hexe Malefizia arbeitet gerade im Kräutergarten von Gut Malefiz. Eines Tages hatte sie die alten Gebäude zwischen riesigen Nrehcuärts und Bäumen entdeckt. Spinnweben hingen an den blinden Fenstern und Nelue wohnten in der alten Enuehcs. Aber für Malefizia war es der schönste Ort der Tlew und so zog sie sofort ein. Seit vielen Jahren lebt sie nun schon hier mit Emma, dem Käuzchen. Ach, wie schön gräulich kann Emma nelueh! Obwohl Malefizia das Heulen jeden Tag übt, will es ihr bis etueh nicht gelingen. (85 Wörter)

5. Schreibe den Text als Hexendiktat.
Dazu legst du den Text ins Nachbarzimmer. Dort liest du einen Satz oder einen Satzteil. Du steigst auf deinen Hexenbesen und „fliegst“ zurück zu deinem Heft und schreibst das Gelesene auf. So machst du es auch mit den nächsten Sätzen. Wenn du fertig bist, vergleichst du deinen Text mit dem Text in der Lösung.

Ursula Lassert: Diktate und Rechtschreibübungen · Best.-Nr. 145
© Brigg Verlag KG, Friedberg

2 Wörter mit *ä* und e

2A

Wörter mit *ä* sind meistens verwandt mit Wörtern mit *a* (hart, härter).
Viele *a*-Wörter haben in der Mehrzahl und in der Verkleinerung ein *ä*.
Die *e*-Wörter haben immer nur Verwandte mit *e* (schnell, schneller).
Sie behalten ihr *e* bei der Mehrzahl und bei der Verkleinerung.

1. Bilde die Verkleinerung (das Kalb – das Kälbchen).

   die Gans – ____________________ die Schnecke – ____________________

   die Jacke – ____________________ die Fahne – ____________________

2. Bilde die Mehrzahl (der Bart – die Bärte).

   der Kampf – ____________________ die Kerze – ____________________

   die Hecke – ____________________ der Ball – ____________________

3. Male die verwandten Wörter jeweils mit derselben Farbe an.

beschäftigen	Gedächtnis	erträglich	Gemälde	lächeln
ertragen	schaffen	dachte	lachen	malen

4. Markiere die ä-Wörter mit einem Textmarker.

Was spielten die römischen Kinder?

Nach fast 2000 Jahren wissen wir, was die römischen Kinder gespielt haben. Ist das nicht wunderbar? Das wissen wir, weil die Römer auf steinernen Särgen und auf Wandgemälden oft spielende Kinder dargestellt haben.

So spielten die römischen Kinder mit Knöchelchen, Nüssen und auch Bällen. Die Bälle waren aus Leder oder Stoff. Sie waren mit Federn oder Luft gefüllt. Es hat Wettkämpfe und Mannschaftsspiele gegeben. Auch Geduldspiele waren eine beliebte Beschäftigung der römischen Kinder. Diese Spiele trainierten das Gedächtnis und förderten die Ausdauer.

(82 Wörter)

5. Stelle ein Plakat her.
   Dazu schreibst du den zweiten Abschnitt auf ein großes Zeichenblatt. Zeichne dir mit einem spitzen Bleistift und einem Lineal Hilfslinien zum Schreiben. Unter oder um den Text herum zeichnest du die Spielsachen (Nüsse, Bälle, Knöchelchen ...). Anschließend vergleichst du deinen Text mit dem Text in der Lösung. Lies dabei von hinten nach vorn, damit du die Fehler schneller findest.

Ursula Lassert: Diktate und Rechtschreibübungen · Best.-Nr. 145
© Brigg Verlag KG, Friedberg

2 Wörter mit *ä* und *e*

2B

Wörter mit *ä* sind meistens verwandt mit Wörtern mit *a* (hart, härter).
Viele *a*-Wörter haben in der Mehrzahl und in der Verkleinerung ein *ä*.
Die *e*-Wörter haben immer nur Verwandte mit *e* (schnell, schneller).
Sie behalten ihr *e* bei der Mehrzahl und bei der Verkleinerung.

1. Bilde Mehrzahl und Verkleinerung (das Kalb – die Kälber, das Kälbchen).

die Gans – ____________, ____________

die Hand – ____________, ____________

das Bett – ____________, ____________

der Ball – ____________, ____________

2. Schreibe jeweils das verwandte Wort dazu.

Beschäftigung	– ____________	jährlich	– ____________
Gegner	– ____________	Gemälde	– ____________
lächeln	– ____________	festlich	– ____________

3. Markiere die ä-Wörter mit einem Textmarker. Dreimal sind Buchstaben vertauscht worden. Berichtige diese mit einem liegenden S (römsich).

Was spielten die römischen Kinder?

Nach fast 2000 Jahren wissen wir, was die römischen Kinder gespielt haben. Ist das nicht wunderbar? Das wissen wir, weil die Römer auf steinernen Särgen und auf Wandgemälden oft spielende Kinder dargestellt haben.

So speilten die römischen Kinder mit Knöhcelchen, Nüssen und auch Bällen. Die Bälle waren aus Leder oder Stoff. Sie waren mit Federn oder Luft gefüllt. Es hat Wettkämpfe und Mannschaftsspiele gegeben. Auch Geduldspiele waren eine beliebte Beschäftigung der römischen Kinder. Diese Spiele trainierten das Gedächtnis und fröderten die Ausdauer.

(82 Wörter)

4. Stelle ein Plakat her.
Dazu schreibst du den zweiten Abschnitt auf ein großes Zeichenblatt. Zeichne dir mit einem spitzen Bleistift und einem Lineal Hilfslinien zum Schreiben. Unter oder um den Text herum zeichnest du die Spielsachen (Nüsse, Bälle, Knöchelchen ...). Anschließend vergleichst du deinen Text mit dem Text in der Lösung. Lies dabei von hinten nach vorn, damit du die Fehler schneller findest.

Ursula Lassert: Diktate und Rechtschreibübungen · Best.-Nr. 145
© Brigg Verlag KG, Friedberg

3 Wörter mit *b, d, g* und *p, t, k* 3A

Du kannst oft nicht erkennen, ob ein Wort mit *b* oder *p, g* oder *k, d* oder *t* endet. Dann hilft es dir, wenn du entweder ein verwandtes Wort suchst oder das Wort verlängerst. Bei Nomen kannst du die Mehrzahl bilden (Bild – Bilder), bei Verben die Grundform suchen (es bebt – beben) und bei Adjektiven die erste Steigerungsstufe bilden (grob – gröber).

1. Bilde die Einzahl (Flüge – Flug).

Wege	– ______	Körbe	– ______
Wände	– ______	Sonntage	– ______
Elefanten	– ______	Burgen	– ______

2. Ergänze die Grundform der Verben (sie lebt – leben).

er gibt	– ______	sie schwebt	– ______
er erlebt	– ______	sie besichtigt	– ______
er stärkt	– ______	sie pumpt	– ______

3. Bilde die Grundform der Adjektive (gröber – grob).

länger	– ______	steiniger	– ______	neugieriger	– ______
spannender	– ______	lieber	– ______	stärker	– ______

4. Lies den Text halblaut und ergänze die fehlenden Buchstaben (b, d, g, t).

Der Sonntagsausflug

Es war ein langer Ausflu__, den Pit und Cindy am Sonnta__ mit ihren Eltern gemacht hatten. Zunächst führte ein steiniger Wanderweg sie den Ber__ hinauf zu einer Bur__ . Gegen Mittag kamen sie endlich dort an. Neugieri__ besichtigten sie die Räume. Dann stärkten sie sich im Café mit Saft und Kuchen.

Eine Stunde später erreichten sie den Tierpark. Dort verbrachten sie zwei spannen__e Stunden. Sie durften auf Elefan__en reiten und sogar eine fantastische Vogelschau erle__en. Ganz erschöpft fuhren sie um halb fünf mit dem Bus nach Hause. Am lie__sten wären sie noch länger geblieben.

(93 Wörter)

5. Schreibe den ersten Abschnitt als Elefantendiktat.
Lege dazu den Text in das Nachbarzimmer. Lies einen Satz, dann gehst du wie ein müder Elefant zu deinem Heft zurück. Dort schreibst du den Satz. So machst du es auch mit den nächsten Sätzen. Anschließend vergleichst du deinen Text mit dem Text in der Lösung. Lies dabei von hinten nach vorn.

Ursula Lassert: Diktate und Rechtschreibübungen · Best.-Nr. 145
© Brigg Verlag KG, Friedberg

3 Wörter mit *b, d, g* und *p, t, k* **3B**

Du kannst oft nicht erkennen, ob ein Wort mit *b* oder *p, g* oder *k, d* oder *t* endet. Dann hilft es dir, wenn du entweder ein verwandtes Wort suchst oder das Wort verlängerst. Bei Nomen kannst du die Mehrzahl bilden (Bild – Bilder), bei Verben die Grundform suchen (es bebt – beben) und bei Adjektiven die erste Steigerungsstufe bilden (grob – gröber).

1. Wie heißt die Einzahl? Schreibe mit dem Artikel (Flüge – der Flug).

Wege	– ________	Körbe	– ________	Burgen	– ________
Wände	– ________	Sonntage	– ________	Kinder	– ________

2. Ergänze die Grundform der Verben (sie lebt – leben).

er gibt	– ________	er stärkt	– ________	sie schlägt	– ________

3. Bilde die Grundform der Adjektive (gröber – grob).

stärker	– ________	steiniger	– ________	plumper	– ________
blonder	– ________	lieber	– ________	neugieriger	– ________

4. Suche im Wörterbuch mindestens vier Wörter mit der Vorsilbe end-/End-.

____

5. Ergänze b, d, g, k oder t. Drei Wörter sind falsch geschrieben. Streiche den falschen Buchstaben durch und schreibe den richtigen darüber.

Der Sonntagsausflug

Es war ein langer Ausflu___, den Pit und Cindy am Sonnta___ mit ihren Eltern gemacht hatten. Zunächst führte ein steiniger Wanderwe___ sie den Ber___ hinauf zu einer Bur___. Gegen Mittak kamen sie en___lich dort an. Neugieri___ besichti___ten sie die Räume. Dann stär___ten sie sich im Café mit Saft und Kuchen. Eine Stunde später erreichten sie den Tierparg. Dort verbrachten sie zwei spannen___e Stunden. Sie durften auf Elefan___en reiten und sogar eine fantastische Vogelschau erle___en. Ganz erschöpf___ fuhren sie um halp fünf mit dem Bus nach Hause. Am lie___sten wären sie noch länger geblieben. (93 Wörter)

6. Schreibe den Text als Elefantendiktat.
Lege dazu den Text in das Nachbarzimmer. Lies einen Satz, dann gehst du wie ein müder Elefant zu deinem Heft zurück. Dort schreibst du den Satz. So machst du es auch mit den nächsten Sätzen. Anschließend vergleichst du deinen Text mit dem Text in der Lösung. Lies dabei von hinten nach vorn.

Ursula Lassert: Diktate und Rechtschreibübungen · Best.-Nr. 145
© Brigg Verlag KG, Friedberg

4 Wörter mit *sch* und *ch* 4A

Bei Wörtern mit *sch* und *ch* hilft dir oft deutliches Sprechen und genaues Hinhören. Schwierige Wörter kannst du dir auf Zettel schreiben, die du an verschiedenen Stellen in der Wohnung aufhängst, sodass du die Wörter immer wieder lesen kannst.

1. Schreibe in die Kästchen: Gedicht, möglich, Nacht, ich, mich, Lichter.

1) 2) 3)

2. Suche Reimwörter.

lutschen	echt	dicht	acht
r______	schl______	n______	N______

3. Schreibe die dritte Person Einzahl (suchen – er sucht).

versuchen	– sie ______	machen	– er ______
wischen	– er ______	kochen	– sie ______
naschen	– er ______	lachen	– sie ______

4. Ordne die Adjektive.

fröhlich, stürmisch, regnerisch, zänkisch, stündlich, nächtlich, täglich, neidisch

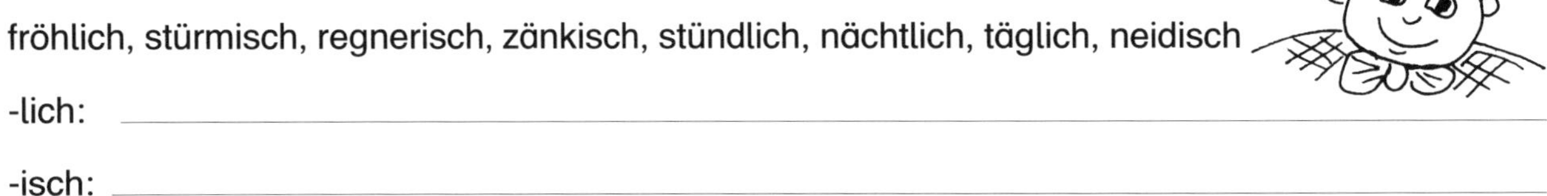

-lich: ______

-isch: ______

5. Unterstreiche alle Wörter mit ch. Vorsicht! Hier sind drei Wörter falsch geschrieben. Streiche diese Wörter durch und schreibe sie richtig darüber.

Sarah liebt Gedichte

Sarah lernt am liebsten Gedischte auswendig. Sie kann schon eine ganze Menge. Ihre Mutter muss immer lachen, wenn ihrer Tochter zu allen möglischen Gelegenheiten ein passendes Gedicht einfällt. Wenn Sarah in der Nacht nischt schlafen kann, sagt sie ein Gedicht auf. Und schon ist sie wieder eingeschlafen. Beim Zahnarzt oder an der Haltestelle vertreibt sie sich ebenfalls die Wartezeit mit Gedichtaufsagen. Vielleicht magst du das auch einmal versuchen. Sarah findet, dass das großen Spaß macht. (75 Wörter)

6. Schreibe die ersten drei Sätze auf dem Computer. Drucke sie aus und vergleiche dann Wort für Wort mit dem Text in der Lösung.

Ursula Lassert: Diktate und Rechtschreibübungen · Best.-Nr. 145
© Brigg Verlag KG, Friedberg

4 Wörter mit *sch* und *ch*

4B

Bei Wörtern mit *sch* und *ch* hilft dir oft deutliches Sprechen und genaues Hinhören. Schwierige Wörter kannst du dir auf Zettel schreiben, die du an verschiedenen Stellen in der Wohnung aufhängst, sodass du die Wörter immer wieder lesen kannst.

1. Suche Reimwörter.

lutschen	echt	Flasche	dicht	acht	haschen
r______	schl______	T______	n______	N______	n______

2. Schreibe die dritte Person Einzahl (versuchen – er/sie versucht).

suchen, machen, rutschen, wischen, kochen, naschen, lachen, lutschen

er sucht, sie ______________________________

____

3. Bilde Adjektive auf -lich oder -isch.

Sturm, froh, Regen, Angst, Stunde, zanken, Tag, Neid, Nacht

____

____

4. Ergänze ch oder sch.

vorsi______tig, leu______ten, der Di______ter, der Fi______, die Fi______te, er lä______elt

5. Unterstreiche alle Wörter mit ch. Vorsicht! Hier sind fünf Wörter falsch geschrieben. Streiche diese Wörter durch und schreibe sie richtig darüber.

Sarah liebt Gedichte

Sarah lernt am liebsten Gedischte auswendig. Sie kann schon eine ganze Menge. Ihre Mutter muss immer lachen, wenn ihrer Tochter zu allen möglischen Gelegenheiten ein passendes Gedicht einfällt. Wenn Sarah in der Nacht nischt schlafen kann, sagt sie ein Gedicht auf. Und schon ist sie wieder eingeschlafen. Beim Zahnarzt oder an der Haltestelle vertreibt sie sich ebenfalls die Wartezeit mit Gedichtaufsagen. Vielleischt magst du das auch einmal versuchen. Sarah findet, dass das großen Spaß macht. (75 Wörter)

6. Schreibe den Text auf dem Computer.
Wähle eine Schrift, die dir gefällt. Drucke den Text aus. Anschließend vergleichst du ihn mit dem Text in der Lösung. Lies dabei von hinten nach vorn.

Ursula Lassert: Diktate und Rechtschreibübungen · Best.-Nr. 145
© Brigg Verlag KG, Friedberg

5 Wörter mit *ng* und *nk*

5A

Bei manchen Wörtern kannst du nicht hören, ob sie mit *ng* oder *nk* geschrieben werden. Dann hilft es dir, wenn du verwandte Wörter oder Reimwörter suchst oder das Wort verlängerst. Das geht so: Bei Nomen bildest du die Mehrzahl, bei Verben suchst du die Grundform, bei Adjektiven bildest du die erste Steigerungsstufe.

1. Schreibe die Grundform der Verben (er zwingt – zwingen).

er ringt	– ______	sie bringt	– ______
es klingt	– ______	sie schwingt	– ______
er springt	– ______	er schenkt	– ______

2. Steigere die Adjektive (eng – enger – am engsten).

jung	– ______	– ______
flink	– ______	– ______
lang	– ______	– ______
blank	– ______	– ______

3. Schreibe dem Alphabet nach: Bank, Punkt, Zwillinge, Gesang, ängstlich, Junge.

1) ______ 2) ______ 3) ______

4) ______ 5) ______ 6) ______

4. Kannst du das lesen? Unterstreiche mindestens vier Wörter mit ng mit einem spitzen Bleistift.

Max und Lill

Max und Lill sind Zwillinge. Lill ist flink. Sie klettert *auf jeden Baum und schwingt an jedem Ast. Max ist ängstlich. Er sitzt* lieber *un*ter *einem* Ba*um oder auf einer Bank .*
Dort liest oder träumt er.

Wenn ihn jemand *ärgert, läuft er weg. Me*iste*ns springt dann Lill herbei und boxt und ringt mit dem Angreifer. Lill wäre so gerne ein Junge. Max wäre so gerne ein Mädchen. Die beiden verstehen sich gut.*

(72 Wörter)

5. Schreibe den ersten Abschnitt auf dem Computer. Drucke den Text aus. Anschließend vergleichst du deinen Text mit dem Text in der Lösung. Lies dabei Wort für Wort von hinten nach vorn.

Ursula Lassert: Diktate und Rechtschreibübungen · Best.-Nr. 145
© Brigg Verlag KG, Friedberg

5 Wörter mit *ng* und *nk* 5B

Bei manchen Wörtern kannst du nicht hören, ob sie mit *ng* oder *nk* geschrieben werden. Dann hilft es dir, wenn du verwandte Wörter oder Reimwörter suchst oder das Wort verlängerst. Das geht so: Bei Nomen bildest du die Mehrzahl, bei Verben suchst du die Grundform, bei Adjektiven bildest du die erste Steigerungsstufe.

1. Schreibe die Grundform der Verben (er zwingt – zwingen).

er ringt – ____________, du bringst – ____________, er winkt – ____________

du klingst – ____________, sie schwingt – ____________, du trinkst – ____________

er springt – ____________, ihr schenkt – ____________, sie singt – ____________

2. Steigere die Adjektive (eng – enger – am engsten).

jung – ____________, ____________; flink – ____________, ____________

blank – ____________, ____________; lang – ____________, ____________

streng – ____________, ____________; windig – ____________, ____________

3. Trenne die Wörter und schreibe dem Alphabet nach.

bankpunktzwillingegesangängstlichjunge

1) ____________ 2) ____________ 3) ____________

4) ____________ 5) ____________ 6) ____________

4. Kannst du das lesen? Unterstreiche alle Wörter mit ng mit einem spitzen Bleistift. Zweimal sind Wörter vertauscht worden. Berichtige diese mit einem liegenden S (Ina ein liest Buch.).

Max und Lill

Max und Lill sind **Zwillinge**. *Lill ist* ***flink***. *Sie* auf klettert jeden *Baum und* ***schwingt*** an *jedem Ast.* Max ist **ängstlich**. *Er sitzt* **lieber unter *einem*** *Baum oder* auf *einer* **Bank**. *Dort liest oder* **träumt *er*.**

Wenn ihn jemand *ärgert*, läuft *er weg. Meistens* ***springt*** *dann* Lill herbei und *boxt und* ***ringt*** mit dem Angreifer. *Lill wäre so* ein gerne **Junge**. *Max wäre so gerne ein Mädchen. Die beiden* ***verstehen*** *sich gut.* (72 Wörter)

5. Schreibe den ersten Abschnitt auf dem Computer. Drucke den Text aus. Anschließend vergleichst du deinen Text mit dem Text in der Lösung. Lies dabei Wort für Wort von hinten nach vorn.

Ursula Lassert: Diktate und Rechtschreibübungen · Best.-Nr. 145
© Brigg Verlag KG, Friedberg

Test: Gleich und ähnlich klingende Laute

A

1. Ergänze äu oder eu.

Klaus tr___mte von Vampiren und ___len. **2 P**

Die Klasse 3b betrat n___gierig das Museumsgeb___de. **2 P**

M___se huschten durch die großen R___me. **2 P**

2. Ergänze ä oder e.

Die G___nse spazierten über die Wiese. **1 P**

Auf den alten Gem___lden l___chelten Ritter und Könige. **2 P**

Die Kinder fahren mit den R___dern durch dichte W___lder. **2 P**

Eine Vogelf___der s___gelte zur Erde hinunter. **2 P**

3. Ergänze b, d, g, k, t.

Der We___ zur Bur___ war wei___. **3 P**

Der Ausflu___ in den Wal___ am letzten Feierta___ war langweili___. **4 P**

Tim schen___t seinem Freun___ ein Bil___. **3 P**

Vorsichti___ le___t sie die Eier in den Kor___. **3 P**

4. Schreibe die Grundform der Verben und Adjektive.

sie winkt – ________		er fängt – ________		**2 P**
es hängt – ________		sie denkt – ________		**2 P**
strenger – ________		länger – ________		**2 P**
schlanker – ________		blanker – ________		**2 P**

5. Schreibe ein verwandtes Wort dazu. Ergänze sch oder ch.

nächster – ________		Mittwoch – ________		**2 P**
der Koch – ________		er huscht – ________		**2 P**
sie wischt – ________		weich – ________		**2 P**

Punktespiegel:
40–38 Punkte = sehr gut, 37–34 Punkte = gut, 33–25 Punkte = befriedigend,
24–18 Punkte = ausreichend, weniger als 18 Punkte = mangelhaft

Ursula Lassert: Diktate und Rechtschreibübungen · Best.-Nr. 145
© Brigg Verlag KG, Friedberg

Test: Gleich und ähnlich klingende Laute **B**

1. Ergänze äu oder eu.

Klaus tr____mte von Vampiren und ____len. **2 P**

Die Klasse 3b betrat n____gierig das Museumsgeb____de. **2 P**

M____se huschten durch die großen R____me. **2 P**

Bei dem Sturm h____te biegen sich alle Str____cher und B____me. **3 P**

2. Ergänze ä oder e.

Die G____nse lagen auf der Wiese. **1 P**

Eine Vogelf____der s____gelte allm____hlich zur ____rde. **4 P**

Auf den alten Gem____lden l____chelten Ritter und Könige. **2 P**

Die Kinder fahren mit den R____dern durch dichte W____lder. **2 P**

Anne trainiert j____den Tag ihr Ged____chtnis und ihre Schn____lligkeit. **3 P**

3. Ergänze b, d, g, k.

Der We____ zur Bur____ war wei____. Tim schen____t seinem Freun____ ein Bil____. **6 P**

Der Ausflu____ in den Wal____ am letzten Feierta____ war langweili____. **4 P**

Vorsichti____ le____t sie die Eier in den Kor____. **3 P**

4. Schreibe die Grundform der Verben und Adjektive.

sie winkt	– ____________	er fängt	– ____________	**2 P**
es hängt	– ____________	sie denkt	– ____________	**2 P**
es blinkt	– ____________	sie singt	– ____________	**2 P**
strenger	– ____________	länger	– ____________	**2 P**
schlanker	– ____________	blanker	– ____________	**2 P**

5. Ergänze sch oder ch.

Am nä____sten Mittwo____abend ist Lesena____t. Mutter ko____t Mus und Uli **4 P**

na____t davon. Die Hexe Lill wi____t, ra____elt und ki____ert in der Küche. **4 P**

Punktespiegel:
52–50 Punkte = sehr gut, 49–46 Punkte = gut, 45–33 Punkte = befriedigend,
32–23 Punkte = ausreichend, weniger als 23 Punkte = mangelhaft

____

Ursula Lassert: Diktate und Rechtschreibübungen · Best.-Nr. 145
© Brigg Verlag KG, Friedberg

1 Wörter mit *s* 1A

Das *s* kann gesummt (lesen) oder gezischt (Kürbis) werden. Das gesummte *s* wird immer als einfaches *s* geschrieben. Wir finden es immer am Wortanfang oder am Silbenanfang. Wenn ein Wort mit einem gesummten *s* geschrieben wird, haben alle seine Verwandten auch ein *s* (Dose – Döschen, lesen – liest). Das gezischte *s* finden wir am Ende einer Silbe oder eines Wortes (das, Ereignis). Vorsicht! Das gezischte *s* wird oft als *ß* und *ss* geschrieben.

1. Ordne richtig ein: Sonne, das, Erlebnis, sagen, Hinweis, leise, Omnibus, sehen, Haustür.

   gesummtes s: ______________________________

   gezischtes s: ______________________________

2. Ordne dem Alphabet nach: SAND, SORTE, SEGEL, SEIFE, SAUBER, SOHLEN.

   ____

3. Bilde die Einzahl (Häuser – das Haus).

   Felsen – __________ Hinweise – __________ Hälse – __________

4. Ergänze die fehlenden Formen.

lösen	ich löse	ich löste	ich habe gelöst
______	______	ich las	______
______	______	______	ich habe gebremst
reisen	______	______	______

5. Unterstreiche die Wörter mit einem gesummten s. Welches dieser zwei Wörter fehlt im Text: *Augen* oder *Abgrund*? Ergänze es.

Ausgeträumt

Felix saß auf dem Sofa und las einen Krimi. Bestimmt würde er den Bösewicht finden, wenn er der Inspektor wäre. Er würde den Fall schnell lösen. Da war er sich ganz sicher. Die Augen fielen ihm zu und er träumte.

Er reiste an die See. War da nicht ein verdächtiges Auto vor ihm auf der Küstenstraße? Könnte das der Verbrecher sein? Oh, da war plötzlich ein vor ihm. Scharf bremste er seinen Porsche ab. Trotzdem hörte er einen heftigen Plumps. Was war das?

Felix öffnete vorsichtig die Augen. Oh je, da war er doch vom Sofa gefallen. Gut, dass seine Schwester das nicht gesehen hatte. (106 Wörter)

6. Schreibe nur die Wörter mit dem gesummten s in dein Heft.

Ursula Lassert: Diktate und Rechtschreibübungen · Best.-Nr. 145
© Brigg Verlag KG, Friedberg

1 Wörter mit *s* 1B

Das *s* kann gesummt (lesen) oder gezischt (Kürbis) werden. Das gesummte *s* wird immer als einfaches *s* geschrieben. Wir finden es immer am Wortanfang oder am Silbenanfang. Wenn ein Wort mit einem gesummten *s* geschrieben wird, haben alle seine Verwandten auch ein *s* (Dose – Döschen, lesen – liest). Das gezischte *s* finden wir am Ende einer Silbe oder eines Wortes (das, Ereignis). Vorsicht! Das gezischte *s* wird oft als *ß* und *ss* geschrieben.

1. Ordne richtig ein: Sonne, das, Erlebnis, sagen, Hinweis, leise, Omnibus, sehen, Grashalm, Maus, Wiese, Socken, seit.

   gesummtes s: ______________________

   gezischtes s: ______________________

2. Bilde die Einzahl (Häuser – das Haus).

Felsen – ________	Hinweise – ________	Hälse – ________
Reisen – ________	Läuse – ________	Gräser – ________

3. Ergänze die fehlenden Formen.

lösen	ich löse	ich löste	ich habe gelöst
________	________	ich las	________
________	________	________	ich habe gebremst
reisen	________	________	________
________	ich blase	________	________
sausen	________	________	________

4. Unterstreiche die Wörter mit einem gesummten s. Zwei der folgenden Wörter fehlen im Text: *Augen, Krimi, Abgrund.* Ergänze sie.

Ausgeträumt

Felix saß auf dem Sofa und las einen Krimi. Bestimmt würde er den Bösewicht finden, wenn er der Inspektor wäre. Er würde den Fall schnell lösen. Da war er sich ganz sicher. Die fielen ihm zu und er träumte. Er reiste an die See.

War da nicht ein verdächtiges Auto vor ihm auf der Küstenstraße? Könnte das der Verbrecher sein? Oh, da war plötzlich ein vor ihm. Scharf bremste er seinen Porsche ab. Trotzdem hörte er einen heftigen Plumps. Was war das? Felix öffnete die Augen. Oh je, da war er doch vom Sofa gefallen. Gut, dass seine Schwester das nicht gesehen hatte. (106 Wörter)

5. Lass dir den Text von einem Partner oder einer Partnerin diktieren.

Ursula Lassert: Diktate und Rechtschreibübungen · Best.-Nr. 145
© Brigg Verlag KG, Friedberg

2 Wörter mit *ß* und *ss* — 2A

Das *ß* und das *ss* sind stimmlose (scharfe, gezischte) *s*-Laute. Das *ß* steht nur nach langen Selbstlauten (Gruß, außen), das *ss* immer nur nach kurzen Selbstlauten (Kuss, Fass). In einer Wortfamilie können daher *ß* und *ss* vorkommen.

1. Erkennst du die Wörter? Ordne sie.

   FußaaaMausaagroßaaasüßaadasaGrasaaaStraußaadraußenaEisaaausaaareißenaaGans

   ß: ______________________________

   s: ______________________________

2. Setze in die Einzahl. Schreibe mit Artikel.

   Nüsse, Füße, Späße, Flüsse

   ____

3. Bilde die erste Steigerungsstufe (groß – größer).

   süß – __________ nass – __________

   blass – __________ heiß – __________

4. Unterstreiche alle Wörter mit ß rot und die Wörter mit ss blau.

Eine gute Idee

Lisa macht nicht gerne Hausaufgaben. Sie spielt lieber draußen. Doch dann hat sie eine großartige Idee. Heute will sie mit den Aufgaben beginnen, die ihr Spaß machen. Danach will sie den hässlichen Teil erledigen, den Aufsatz und die scheußlichen Textaufgaben.

Nach dem Aufsatz wird sie eine Pause draußen im Garten machen. Sie will einen Apfel essen, ein paar Nüsse knabbern und zum Schluss süßen Apfelsaft trinken. Anschließend wird sie die Textaufgaben rechnen. Dabei kann sie sich schon auf den Schwimmverein freuen.

(77 Wörter)

5. Schreibe als Partnerdiktat.
   Suche dir einen Partner oder eine Partnerin. Diktiert euch nur die Wörter mit ß und ss. Wechselt euch bei jedem Wort ab. Anschließend vergleichst du die Wörter des Partners mit den Wörtern in der Lösung. Streiche dabei die Fehler an.

Ursula Lassert: Diktate und Rechtschreibübungen · Best.-Nr. 145
© Brigg Verlag KG, Friedberg

2 Wörter mit *ß* und *ss*

2B

Das *ß* und das *ss* sind stimmlose (scharfe, gezischte) *s*-Laute. Das *ß* steht nur nach langen Selbstlauten (Gruß, außen), das *ss* immer nur nach kurzen Selbstlauten (Kuss, Fass). In einer Wortfamilie können daher *ß* und *ss* vorkommen.

1. Erkennst du die Wörter? Ordne sie.

   FußaaaMausaagroßaaasüßaadasaGrasaaaStraußaadraußenaEisaaausaaareißenaaGans

   ß: ______________________________

   s: ______________________________

2. Setze in die Einzahl. Schreibe mit Artikel.

   Nüsse, Füße, Späße, Flüsse, Sträuße, Fässer, Grüße

   ____

3. Ergänze ß oder ss.

   hei___es Wetter, sü___e Bonbons, na___e Füße, wei___e Wolken,

   scheu___lich, flü___ig, flei___ig, gro___artig, drei___ig, bla___

4. Unterstreiche die Wörter mit ß rot und die Wörter mit ss blau. Streiche die drei falsch geschriebenen Wörter durch und schreibe sie richtig darüber.

Eine gute Idee

Lisa macht nicht gerne Hausaufgaben. Sie spielt lieber draußen. Doch dann hat sie eine großartige Idee. Heute will sie mit den Aufgaebn beginnen, die ihr Spaß machen.
Danach will sie den hässlichen Teil erledigen, den Aufsatz und die scheußlichen Textaufgaben.
Nach dem Aufsatz wird sie eine Pause draußen im Gaten machen. Sie will einen Apfel essen, ein paar Nüße knabbern und zum Schluss süßen Apfelsaft trinken. Anschließend wird sie die Textaufgaben rechnen. Dabei kann sie sich schon auf den Schwimmverein freuen. (77 Wörter)

5. Schreibe den Text als Partnerdiktat.
   Suche dir einen Partner oder eine Partnerin. Wechselt euch bei jedem Satz mit dem Diktieren ab. Anschließend vergleichst du den Text des Partners mit dem Text in der Lösung. Streiche dabei die Fehler an.

Ursula Lassert: Diktate und Rechtschreibübungen · Best.-Nr. 145
© Brigg Verlag KG, Friedberg

3 Wörter mit *st* und *sp* 3A

Bei Wörtern mit *st* und *sp* wird das *s* wie sch gesprochen, wenn *st* und *sp* am Anfang eines Wortes oder einer Silbe stehen. 

1. Ergänze st oder sp.

   ______ritzen, fin______er, am lieb______en, Schwe______er, Mon______er, ______reiten, ______itz

2. Ordne die Wörter richtig ein.

   SPECHT, STARK, SPRINGEN, SPORTLICH, STACHEL, SPÄT, STEHEN, SPINNE, SPRECHEN

Nomen	Verben	Adjektive

3. Kreise nur die Wörter ein, bei denen das st und sp wie scht und schp gesprochen wird.

   Stern hastig Spatz flüstern Ast Ansprache Wespe verstehen still

4. Ergänze: Stacheln, liebsten, lustiger, spritzen, starken.

Ein erstaunliches Hobby

Stefan hat dasselbe Hobby wie seine Schwester Asta. Am ______________ malen sie finstere Monster mit großen ______________ Zähnen oder Riesenwespen mit langen spitzen ______________ auf Vaters Garagentor. Manchmal sind es auch riesige Spinnen mit langen schwarzen Beinen oder knallrote Spechte mit Riesenschnäbeln. Anschließend nehmen sie den Gartenschlauch und ______________ alles wieder ab. Das finden sie noch ______________ als das Malen. Nur ganz selten streiten sie darüber, was gemalt werden soll. Manchmal malt sogar ihr Vater mit. (76 Wörter)

5. Schreibe als Partnerdiktat.
   Suche dir einen Partner oder eine Partnerin. Diktiert euch nur die Wörter mit st und sp. Wechselt euch bei jedem Wort ab. Vergleiche die Wörter des Partners anschließend mit den Wörtern in der Lösung. Streiche dabei die Fehler an.

Ursula Lassert: Diktate und Rechtschreibübungen · Best.-Nr. 145
© Brigg Verlag KG, Friedberg

3 Wörter mit *st* und *sp*

3B

Bei Wörtern mit *st* und *sp* wird das *s* wie sch gesprochen, wenn *st* und *sp* am Anfang eines Wortes oder einer Silbe stehen.

1. Ergänze st oder sp.

   ___ritzen, fin___er, am lieb___en, Schwe___er, Mon___er,

   ___reiten, ___itz, wi___ern, lu___ig, fe___, ___ill, zuer___

2. Erkennst du die Wörter? Trenne sie mit einem Strich. Dann ordne sie richtig ein.

   SPIEGELSTARKSPRINGENSPORTLICHSTACHELSPÄTSTEHENSPINNESPRECHEN

Nomen	Verben	Adjektive

3. Kreise nur die Wörter ein, bei denen das st und sp wie scht und schp gesprochen wird.

   Stern, hastig, Spatz, flüstern, Ast, Ansprache, Wespe, Specht, husten, verstehen, fest, still

4. Ergänze: Stacheln, liebsten, lustiger, spritzen, starken, finstere, Spinnen.

Ein erstaunliches Hobby

Stefan hat dasselbe Hobby wie seine Schwester Asta. Am ___ malen sie ___ Monster mit großen ___ Zähnen oder Riesenwespen mit langen spitzen ___ auf Vaters Garagentor. Manchmal sind es auch riesige ___ mit langen schwarzen Beinen oder knallrote Spechte mit Riesenschnäbeln. Anschließend nehmen sie den Gartenschlauch und ___ alles wieder ab. Das finden sie noch ___ als das Malen. Nur ganz selten streiten sie darüber, was gemalt werden soll. Manchmal malt sogar ihr Vater mit. (76 Wörter)

5. Schreibe den Text als Partnerdiktat.
   Suche dir einen Partner oder eine Partnerin. Wechselt euch bei jedem Satz ab. Vergleiche anschließend den Text des Partners mit dem Text in der Lösung. Streiche dabei die Fehler an.

Ursula Lassert: Diktate und Rechtschreibübungen · Best.-Nr. 145
© Brigg Verlag KG, Friedberg

4 Wörter mit *schl, schm, schn, schr, schw* 4A

Bei Wörtern mit *schl, schm, schn, schr* und *schw* hilft dir immer genaues Hinhören und deutliches Sprechen. Dann wirst du keinen Buchstaben vergessen. Am besten sprichst du beim Schreiben halblaut vor dich hin. **!**

1. Ordne die Wörter in die Tabelle ein.

Schwein, schlecht, Schnee, Schmutz, schreiben, schwören, schräg, schnell, schmal, schlank

schl	schm	schn	schr	schw

2. Ergänze schl, schm, schn, schr und schw.

Sie be______ießen, morgen ins ______immbad zu gehen. Gestern ______eite es den ganzen Tag. Vögel haben einen ______abel. Die Pizza ______eckte allen gut.

3. Ordne die Wörter dem Alphabet nach. Dabei musst du auf den fünften Buchstaben und sogar auf den sechsten achten.

schweben, schnarchen, schlecht, schnattern, schnaufen, schlau

____

4. Ergänze: Schmetterlinge, schwitzen, schwierig, Schluss.

So viele Schmetterlinge!

Frederic und Rica schlendern gemütlich über die Insel Mainau. Zum __________ spazieren sie durch die Schmetterlingshalle. Viele __________ schwärmen durch die warme Luft. Schon sitzt einer auf Ricas Haaren. Er sieht aus wie ein lebendiger Haarschmuck. Vorsichtig nimmt Frederic einen großen bunten Schmetterling auf seinen Finger. Das war gar nicht __________ und Spaß macht es auch. Aber schon bald __________ die beiden Geschwister in der warmen Halle. Schnell laufen sie wieder hinaus ins Kühle. (74 Wörter)

5. Schreibe den Text als Würfeldiktat.
Dazu brauchst du mindestens drei Kinder. Wer zuerst eine 6 würfelt, darf den ersten Satz diktieren. Danach wird neu gewürfelt. Wer nun eine 6 würfelt, diktiert den nächsten Satz und so weiter. Anschließend gibt jedes Kind seinen geschriebenen Text dem rechten Nachbarn. Dieser vergleicht mit dem Lösungstext und streicht die Fehler an.

Ursula Lassert: Diktate und Rechtschreibübungen · Best.-Nr. 145
© Brigg Verlag KG, Friedberg

4 Wörter mit *schl, schm, schn, schr, schw* **4B**

Bei Wörtern mit *schl, schm, schn, schr* und *schw* hilft dir immer genaues Hinhören und deutliches Sprechen. Dann wirst du keinen Buchstaben vergessen. Am besten sprichst du beim Schreiben halblaut vor dich hin.

1. Ordne ein: schwer, schlagen, schreiben, schräg, schmerzen, schwören, schnell, schmal.

   Adjektive: ______________________________

   Verben: ______________________________

2. Ergänze schl, schm, schn, schr und schw.

   Sie be_____ießen, morgen ins _____immbad zu gehen. Gestern _____eite es den ganzen Tag. Vögel haben einen _____abel. Die Pizza _____eckte allen gut. Der Knall er_____eckte alle Gäste. Quietschend _____ießt sich das alte Burgtor.

3. Ordne diese Wörter dem Alphabet nach. Dabei musst du auf den fünften Buchstaben und manchmal sogar auf den sechsten achten.

   schweben, schnarchen, schlecht, schnattern, schnaufen, schlau, schwimmen, schwer

   ____

   ____

4. Ergänze: Schluss, Schmetterlinge, schwierig, schwitzen, Haarschmuck, schnell.

So viele Schmetterlinge!

Frederic und Rica schlendern gemütlich über die Insel Mainau. Zum _____ spazieren sie durch die Schmetterlingshalle. Viele _____ schwärmen durch die warme Luft. Schon sitzt einer auf Ricas Haaren. Er sieht aus wie ein lebendiger _____. Vorsichtig nimmt Frederic einen großen bunten Schmetterling auf seinen Finger. Das war gar nicht _____ und Spaß macht es auch. Aber schon bald _____ die beiden Geschwister in der warmen Halle. _____ laufen sie wieder hinaus ins Kühle. (74 Wörter)

5. Schreibe den Text als Würfeldiktat.
   Dazu brauchst du mindestens drei Kinder. Wer zuerst eine 6 würfelt, darf den ersten Satz diktieren. Danach wird neu gewürfelt. Wer nun eine 6 würfelt, diktiert den nächsten Satz und so weiter. Anschließend gibt jedes Kind seinen geschriebenen Text dem rechten Nachbarn. Dieser vergleicht mit dem Lösungstext und streicht die Fehler an.

Ursula Lassert: Diktate und Rechtschreibübungen · Best.-Nr. 145
© Brigg Verlag KG, Friedberg

5 Wörter mit *lz, nz, rz* und *lk, nk, rk*

5A

Nach den Buchstaben *l, n, r* steht immer nur ein *k* oder ein *z* (Salz, tanzen, Herz).
Der folgende Spruch hilft dir, das nicht zu vergessen:
Nach l, n, r, das merke ja, steht nie tz und nie ck.

1. Ordne die Wörter richtig ein. Dann male jeweils den Buchstaben vor z und vor k an.

   a) Katze, stolz, Herz, Witze, Münze, Satz, ganz, Holz, hetzen

   Wörter mit lz, nz, rz: ______________________________

   Wörter mit tz: ______________________________

   b) Wolke, strecken, flink, Decke, dunkel, Brücke, wackeln, stark

   Wörter mit k: ______________________________

   Wörter mit ck: ______________________________

2. Hinter welchen Buchstaben stehen tz und ck immer? Kreuze an.

   nach kurzen Selbstlauten ☐ nach Mitlauten ☐

3. Ergänze z oder k. Male auch hier jeweils den Buchstaben vor z und k an.

   glän___en, Bal___en, wir___en, stol___, stin___en, ein___ig, Her___, Zir___el

4. Kannst du den Text lesen?

Mit Augen und Ohren

CeCIL maCHT mit seinEM Opa FerIEN im HArz.
Den gANzen Morgen hABen sie PilzE gesAMMelt.
Und nun liEGT Cecil auf einer BaNK.
Er liEST eIN Buch über PflaNZen.
Cecil liest gERne und sEHR Oft.
Er ist stOLZ darauf, daSS er sich aLLes Gelesene sO gut mERKen kann. Seine SchWESTEr ELKE behält daGEGen das am bESten, was sie gehört hat. WiTZig, oder nicht? Ganz einfach: Elke ist ein OHRentyp, Cecil ein AuGEN- oder Lesetyp. Und du?

(75 Wörter)

5. Schreibe die ersten fünf Sätze als Dosendiktat richtig auf.
   Das machst du so: Du kopierst das Blatt und schneidest die ersten fünf Textzeilen aus.
   Lege diese geordnet vor dich auf den Tisch. Lies den ersten Streifen. Stecke ihn in die Dose und schreibe das Gelesene auf. Wenn du alles geschrieben hast, vergleichst du mit dem Text in der Lösung.

Ursula Lassert: Diktate und Rechtschreibübungen · Best.-Nr. 145
© Brigg Verlag KG, Friedberg

5 Wörter mit *lz, nz, rz* und *lk, nk, rk*

5B

Nach den Buchstaben *l, n, r* steht immer nur ein *k* oder ein *z* (Salz, tanzen, Herz).
Der folgende Spruch hilft dir, das nicht zu vergessen:
Nach l, n, r, das merke ja, steht nie tz und nie ck.

1. Ordne die Wörter richtig ein. Dann male jeweils den Buchstaben vor z und vor k an.

   a) Katze, stolz, Herz, Witze, Münze, Satz, ganz, Holz, hetzen, Kerze, Blitz, jetzt, Schatz

   Wörter mit lz, nz, rz: ______________________________

   Wörter mit tz: ______________________________

   b) Wolke, strecken, flink, Decke, dunkel, Brücke, wackeln, stark, Zirkus, Sack, Blick, Quark

   Wörter mit k: ______________________________

   Wörter mit ck: ______________________________

2. Hinter welchen Buchstaben stehen ck und tz immer? Kreuze an.

   nach kurzen Selbstlauten ☐ nach Mitlauten ☐

3. Ergänze z oder k.

   glän____en, Bal____en, wir____en, stol____, sal__ig, Fer____el, Pel____, Wer____statt,

   stin____en, ein____ig, Her____, Zir____el, Pflan____en, stür____en, Ben____in, Zir____us

4. Kannst du den Text lesen?

Mit Augen und Ohren

CeCIL maCHT mit seinEM Opa FerIEN im HArz. Den gANzen Morgen hABen sie PilzE gesAMMelt. Und nun liEGT Cecil auf einer BaNK. Er liEST eIN Buch über PflaNZen.
Cecil liest gERne und sEHR Oft. Er ist stOLZ darauf, daSS er sich aLLes Gelesene sO gut mERKen kann.
Seine SchWESTEr ELKE behält daGEGen das am bESten, was sie gehört hat. WiTZig, oder nicht? Ganz einfach: Elke ist ein OHRentyp, Cecil ein AuGEN- oder Lesetyp. Und du?

(75 Wörter)

5. Schreibe den Text als Froschdiktat.
   Lege dazu den Text auf die Fensterbank. Lies einen Satz, dann springst du wie ein Frosch zu deinem Heft zurück. Dort schreibst du den Satz, springst wie oben zurück zum Text und so weiter. Anschließend vergleichst du mit dem Lösungstext.

Ursula Lassert: Diktate und Rechtschreibübungen · Best.-Nr. 145
© Brigg Verlag KG, Friedberg

Test: Schwierige Laute **A**

1. Ordne die Wörter richtig ein.

Sonne, das, Erlebnis, sagen, Hinweis, leise, Omnibus

gesummtes s: ______________________________ **3 P**

gezischtes s: ______________________________ **4 P**

2. Ergänze ß oder ss.

Nü___e, sü___, Fü___e, Spä___e, Flü___e, na___ **6 P**

3. Ergänze S/s oder Sch/sch.

Ilse und Piet ___prangen über die Baum___tümpfe. **2 P**

Thomas ___narchte fürchterlich. **1 P**

Die ___pinne verschwand wie der Blitz hinter einer ___tange. **2 P**

4. Ordne nach dem Alphabet.

Schwein, schlecht, Schnee, Schmutz, schreiben, schnell

____

______________________________ **6 P**

5. Ergänze z oder tz.

Stol___ schrieb Florian die schwierigen Sä___e an die Tafel. **2 P**

Erschöpft se___ten sie sich auf die Matra___en. **2 P**

Susi legt neue Hol___scheite in den offenen Kamin. **1 P**

Die Puppen si___en auf win___igen Stühlen. **2 P**

6. Ergänze k oder ck.

Sie warf die verwel___ten Blumen weg. **1 P**

Lena zeichnete mit dem Zir___el einen Kreis. **1 P**

Im Ru___sa___ trug er den Proviant für zwei Wochen. **1 P**

Nachden___lich ging Julian über die Brü___e. **2 P**

Punktespiegel:
36–35 Punkte = sehr gut, 34–31 Punkte = gut, 30–24 Punkte = befriedigend,
23–16 Punkte = ausreichend, weniger als 16 Punkte = mangelhaft

Ursula Lassert: Diktate und Rechtschreibübungen · Best.-Nr. 145
© Brigg Verlag KG, Friedberg

Test: Schwierige Laute

B

1. Ordne die Wörter richtig ein.

SonnedasErlebnissagenHinweisleiseOmnibusWieseGras

gesummtes s: ______ **4 P**

gezischtes s: ______ **5 P**

2. Ergänze ß oder ss.

Nü___e, sü___, Fü___e, Spä___e, Flü___e, bla___, hei___, na___, gro___ **9 P**

3. Ergänze s oder sch.

Ilse und Piet ___prangen über die Baum___tümpfe. **2 P**

Thomas ___narchte fürchterlich. **1 P**

Die ___pinne verschwand wie der Blitz hinter einer ___tange. **2 P**

___tefan und Nora ___wammen ans andere Ufer. **2 P**

4. Ordne nach dem Alphabet.

Schwein, schlecht, Schnee, Schmutz, schreiben, schnell, schmal, schlank

______

______ **8 P**

5. Ergänze z oder tz.

Je___t tan___t Anna stol___ auf ihren Spi___enschuhen vor. **4 P**

Sie se___ten sich auf die Matra___en und erzählten Wi___e. **3 P**

Susi legte Hol___scheite und Gewür___pflan___en in den offenen Kamin. **3 P**

Die Kinder si___en an win___igen Tischen mit hübschen Ker___en. **3 P**

6. Ergänze k oder ck.

Sie warf die verwel___ten Blumen und tro___enen Ste___en weg. **3 P**

Lena zeichnete mit dem Zir___el einen Kreis um ein kleines Viere___. **2 P**

Sie trug den schweren Ru___sa___ sicher über eine schmale Brü___e. **3 P**

Nachden___lich nahm Julian den De___el vom Kochtopf. **2 P**

Punktespiegel:
56–54 Punkte = sehr gut, 53–50 Punkte = gut, 49–40 Punkte = befriedigend,
39–30 Punkte = ausreichend, weniger als 30 Punkte = mangelhaft

Ursula Lassert: Diktate und Rechtschreibübungen · Best.-Nr. 145
© Brigg Verlag KG, Friedberg

1 Wörter mit langen Selbstlauten

1A

Doppellaute (*au, äu, eu, ai, ei, ie*) und doppelte Selbstlaute (*aa, ee, oo*) bleiben immer zusammen, da sie ein Laut sind. Wörter mit einem Dehnungs-*h* werden hinter dem *h* getrennt. Das *h* bleibt immer bei seinem Selbstlaut.

1. Löse das Silbenrätsel.

Boo-, Haa-, heu-, Sai-, Waa-	-ge, -re, -te, -te, -te

1) kleine Wasserfahrzeuge
2) der Tag vor morgen
3) wachsen auf deinem Kopf
4) Sachen wiegst du mit der
5) Teil einer Geige

2. Trenne die Wörter mit einem Strich.

Leute, Mäuse, leise, Bienen, Schaukel, Sträucher, außen

3. Bilde Wörter mit den Silben -len, -le, -ne, -nung, -rer.

Lehnstüh_____, Wasserhäh_____, Sportleh_____, auswäh_____, Woh_____

4. Trenne die unterstrichenen Wörter jeweils mit einem senkrechten Strich.

Ganz schön gefährlich!

Gleich hinter den Sträuchern auf der Wiese mit den vielen Blumen stand die Schaukel. Lili saß heute Morgen glücklich darauf und schwang wild hin und her. Plötzlich summte eine Biene um ihren Kopf. Oh je, sie setzte sich sogar auf ihre Nase. Lili schüttelte die Haare und schnitt Grimassen, aber die Biene blieb sitzen. Mutig biss sie die Zähne zusammen und zählte bis zehn. Dabei streifte sie kräftig mit ihren Schuhsohlen über die Erde, um allmählich zu bremsen. Gerade als die Schaukel stand, flog die Biene davon. Lili atmete erleichtert auf.

(91 Wörter)

5. Schreibe den Text als Würfeldiktat.
Dazu brauchst du mindestens drei Kinder. Wer zuerst eine 6 würfelt, darf den ersten Satz diktieren. Danach wird neu gewürfelt. Wer nun eine 6 würfelt, diktiert den nächsten Satz und so weiter. Dabei erwähnt ihr bei jedem Satz, welches Wort unterstrichen ist, also getrennt werden soll. Anschließend gibt jedes Kind seinen geschriebenen Text dem rechten Nachbarn. Dieser vergleicht mit dem Lösungstext und streicht die Fehler an.

Ursula Lassert: Diktate und Rechtschreibübungen · Best.-Nr. 145
© Brigg Verlag KG, Friedberg

1 Wörter mit langen Selbstlauten **1B**

Doppellaute (*au, äu, eu, ai, ei, ie*) und doppelte Selbstlaute (*aa, ee, oo*) bleiben immer zusammen, da sie ein Laut sind. Wörter mit einem Dehnungs-*h* werden hinter dem *h* getrennt. Das *h* bleibt immer bei seinem Selbstlaut.

1. Löse das Silbenrätsel.

Boo-, Dau-, Haa-, heu-, Sai-, teu-, Träu-, Waa-	-er, -ge, -me, -re, -te, -te, -ten, -men

1) kleine Wasserfahrzeuge ______________
2) der Tag vor morgen ______________
3) wachsen auf deinem Kopf ______________
4) Sachen wiegst du mit der ______________
5) Teile der Geige sind die ______________
6) Teil der Hand ______________
7) du erlebst sie im Schlaf ______________
8) Gegenteil von billig ______________

2. Trenne die Wörter mit einem Strich.

Leute, Mäuse, Feuer, Kaiser, Trauben, leise, Bienen, Schaukel, Sträucher, draußen

3. Bilde Wörter mit den Silben -len, lich, -le, -ler, -ne, -nen, -nung, -ren, -rer.

Lehnstüh______, Wasserhäh______, Sportleh______, auswäh______,

Woh__________, Feh______, keh______, Boh______, fröh______

4. Trenne die unterstrichenen Wörter jeweils mit einem senkrechten Strich.
Streiche die fünf überflüssigen Wörter durch.

Ganz schön gefährlich!

Gleich hinter den Sträuchern auf der Wiese mit den vielen Blumen stand die Schaukel. Lili saß heute Morgen Klee glücklich darauf und schwang wild hin und her. Plötzlich summte eine Biene um ihren Kopf. Oh je, sie setzte sich sogar auf ihre Nase Fehler. Lili schüttelte die Haare Waage und schnitt Grimassen, aber die Biene blieb sitzen. Mutig biss sie die Zähne zusammen und zählte bis zehn. Dabei keifte streifte sie kräftig mit ihren Schuhsohlen über die Erde, um allmählich zu gefährlich bremsen. Gerade als die Schaukel stand, flog die Biene davon. Lili atmete erleichtert auf. (91 Wörter)

5. Schreibe den Text als Würfeldiktat.
Dazu brauchst du mindestens drei Kinder. Wer zuerst eine 6 würfelt, darf den ersten Satz diktieren. Danach wird neu gewürfelt. Wer nun eine 6 würfelt, diktiert den nächsten Satz und so weiter. Dabei erwähnt ihr bei jedem Satz, welches Wort unterstrichen ist, also getrennt werden soll. Anschließend gibt jedes Kind seinen geschriebenen Text dem rechten Nachbarn. Dieser vergleicht mit dem Lösungstext und streicht die Fehler an.

Ursula Lassert: Diktate und Rechtschreibübungen · Best.-Nr. 145
© Brigg Verlag KG, Friedberg

2 Wörter mit einem und mehreren Mitlauten

2A

Steht ein einzelner Mitlaut zwischen zwei Selbstlauten, wird er auf die nächste Zeile geschrieben (le-sen). Stehen dort zwei oder mehrere Mitlaute, wird der letzte auf die neue Zeile geschrieben (Trak-tor). Die Laute *ch, ck* und *sch* gelten jeweils als ein Laut. Sie bleiben bei der Worttrennung immer zusammen.

1. Trenne diese Wörter mit einem Strich (le/sen, Rü/cken).

   Besen, leben, Brote, nennen, Waffel, Mutter, Spiegel, legen, Stücke, Wäsche, lachen

2. Löse das Rätsel.

Fi-, Ham-, has-, schnel-, Kat-, Schrän-, Brü-	-mer, -cke, -ke, -ler, -sche, -tig, -ze

   1) Werkzeug
   2) erste Steigerungsstufe von *schnell*
   3) ein Haustier, das schnurrt
   4) Weg, der über Wasser führt
   5) darin hebst du Kleider auf
   6) sie leben im Wasser
   7) eilig

3. Lies den Text und trenne die 11 unterstrichenen Wörter mit einem Strich.

Gespensterjagd

Johann wickelte sich fest in seine Wolldecke und versteckte sich im Keller. Er zitterte vor Aufregung. Würde das Gespenst auch diese Nacht wieder durch das Haus irren? Er würde es bestimmt vertreiben. Wenn es doch endlich einmal erscheinen würde! Wie langsam doch die Zeit verging! Gut, dass er ein paar Waffeln zum Knabbern mitgenommen hatte. Johann machte es sich auf der alten Matratze gemütlich. Ob es ein freundliches Gespenst war? Ob es wirklich mit Ketten rasseln würde? Mit diesen Gedanken schlief er ein. Das Gespenst hat er weder gehört noch gesehen.

(91 Wörter)

4. Schreibe als Partnerdiktat.
   Suche dir einen Partner oder eine Partnerin. Wechselt euch bei jedem Satz ab. Nennt jedes Mal die Wörter, die getrennt werden sollen. Anschließend vergleicht ihr den Text des Partners mit dem Text in der Lösung und streicht die Fehler an.

Ursula Lassert: Diktate und Rechtschreibübungen · Best.-Nr. 145
© Brigg Verlag KG, Friedberg

2 Wörter mit einem und mehreren Mitlauten

2B

Steht ein einzelner Mitlaut zwischen zwei Selbstlauten, wird er auf die nächste Zeile geschrieben (le-sen). Stehen dort zwei oder mehrere Mitlaute, wird der letzte auf die neue Zeile geschrieben (Trak-tor). Die Laute *ch, ck* und *sch* gelten jeweils als ein Laut. Sie bleiben bei der Worttrennung immer zusammen.

!

1. Trenne diese Wörter mit einem Strich (le/sen).

   Besen, leben, Brote, nennen, Waffel, Mutter, wissen, Netze, Spinnen, Feste, vielleicht,

   Spiegel, legen, Stücke, Wäsche, nennen, lachen, Stalllaterne, verraten, Fahrräder, sondern

2. Löse das Rätsel.

Fi-, fins-, Ham-, has-, Müt-, schnel-, Kat-, Schrän-, Brü-	-mer, -cke, -ke, -ler, -sche, -ter, -tig, -ze, -ze

   1) Werkzeug ☐☐☐☐☐☐
   2) erste Steigerungsstufe von *schnell* ☐☐☐☐☐☐☐☐☐☐
   3) ein Haustier, das schnurrt ☐☐☐☐☐
   4) Weg, der über Wasser führt ☐☐☐☐☐☐
   5) darin hebst du Kleider auf ☐☐☐☐☐☐☐☐
   6) schwimmen im Wasser ☐☐☐☐☐☐
   7) eilig ☐☐☐☐☐☐
   8) eine Kopfbedeckung ☐☐☐☐☐
   9) dunkel, duster ☐☐☐☐☐☐☐

3. Lies den Text und trenne die 15 unterstrichenen Wörter mit einem senkrechten Strich.

Gespensterjagd

Johann wickelte sich fest in seine Wolldecke und versteckte sich im Keller. Er zitterte vor Aufregung. Würde das Gespenst auch diese Nacht wieder durch das Haus irren? Er würde es bestimmt vertreiben. Wenn es doch endlich einmal erscheinen würde! Wie langsam doch die Zeit verging! Gut, dass er ein paar Waffeln zum Knabbern mitgenommen hatte. Johann machte es sich auf der alten Matratze gemütlich. Ob es ein freundliches Gespenst war? Ob es wirklich mit Ketten rasseln würde? Mit diesen Gedanken schlief er ein. Das Gespenst hat er weder gehört noch gesehen.

(91 Wörter)

4. Schreibe als Partnerdiktat.
   Suche dir einen Partner oder eine Partnerin. Wechselt euch bei jedem Satz ab. Nennt jedes Mal die Wörter, die getrennt werden sollen. Anschließend vergleicht ihr den Text des Partners mit dem Text in der Lösung und streicht die Fehler an.

Ursula Lassert: Diktate und Rechtschreibübungen · Best.-Nr. 145
© Brigg Verlag KG, Friedberg

3 Satzschlusszeichen

3A

Sätze werden durch Satzschlusszeichen voneinander getrennt. Nach Aussagesätzen steht ein Punkt. Nach Fragesätzen steht ein Fragezeichen. Nach Ausrufen und Aufforderungen steht je nach Dringlichkeit ein Punkt oder ein Ausrufezeichen.

1. Die Kinder der 3a besprechen einen Ausflug. Kreise die Fragen rot und die Ausrufe blau ein.

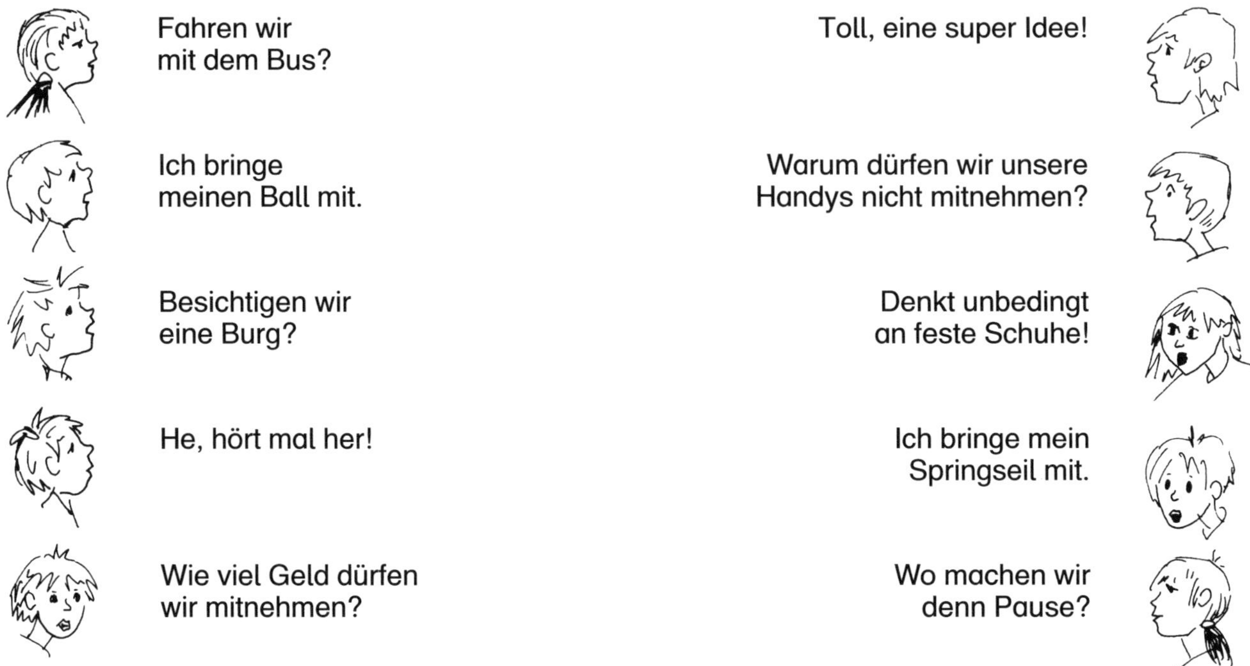

Fahren wir mit dem Bus?

Toll, eine super Idee!

Ich bringe meinen Ball mit.

Warum dürfen wir unsere Handys nicht mitnehmen?

Besichtigen wir eine Burg?

Denkt unbedingt an feste Schuhe!

He, hört mal her!

Ich bringe mein Springseil mit.

Wie viel Geld dürfen wir mitnehmen?

Wo machen wir denn Pause?

2. Ergänze in diesem Text die Satzschlusszeichen. Dann unterstreiche die fünf Fragen sorgfältig mit Lineal und spitzem Bleistift.

Hilfe, ein Unfall___

Gestern spielten viele Kinder trotz des Regenwetters auf dem Schulhof___ Warum rennt Julian so schnell___ Sicher will er als Erster am Klettergerät sein___ Oh weh, er stürzt___ Warum steht er denn nicht schnell auf___ Hat er sich etwa verletzt___ Soll Elli eine Lehrerin rufen___

He Julian, steh endlich auf___ Aber Julian kann nicht aufstehen___ Warum nicht___ Er hat sich das linke Bein gebrochen___ Oh, der Ärmste___ Der Krankenwagen bringt ihn ins Krankenhaus___ Hallo Julian, alles Gute___ (76 Wörter)

3. Schreibe den ersten Abschnitt als Kassettendiktat.
Dafür sprichst du den Text langsam auf eine Kassette. Dann lässt du das Band Stück für Stück ablaufen und schreibst das jeweilige Textstück auf. Achte beim Aufnehmen des Textes auf die Betonung. Lies so, dass man deutlich hört, ob es sich um einen Ausruf, eine Frage oder einen Aussagesatz handelt.

Ursula Lassert: Diktate und Rechtschreibübungen · Best.-Nr. 145
© Brigg Verlag KG, Friedberg

3 Satzschlusszeichen

3B

Sätze werden durch Satzschlusszeichen voneinander getrennt. Nach Aussagesätzen steht ein Punkt. Nach Fragesätzen steht ein Fragezeichen. Nach Ausrufen und Aufforderungen steht je nach Dringlichkeit ein Punkt oder ein Ausrufezeichen.

1. Die Kinder der 3a besprechen einen Ausflug. Ergänze die Satzschlusszeichen.

Fahren wir mit dem Bus ___

Toll, eine super Idee ___

Ich bringe meinen Ball mit ___

Warum dürfen wir unsere Handys nicht mitnehmen ___

Besichtigen wir eine Burg ___

Denkt unbedingt an feste Schuhe ___

He, hört mal her ___

Ich bringe mein Springseil mit ___

Wie viel Geld dürfen wir mitnehmen ___

Wo machen wir denn Pause ___

2. Erfinde selbst zwei Fragen und zwei Ausrufe.

____

____

3. Erkennst du die Sätze? Ergänze die Satzschlusszeichen.

Hilfe, ein Unfall

Gestern spielten viele Kinder trotz des Regenwetters auf dem Schulhof Warum rennt Julian so schnell Sicher will er als Erster am Klettergerät sein Oh weh, er stürzt Warum steht er denn nicht schnell auf Hat er sich etwa verletzt Soll Elli eine Lehrerin rufen He Julian, steh endlich auf Aber Julian kann nicht aufstehen Warum nicht Er hat sich den linken Fuß gebrochen Oh, der Ärmste Der Krankenwagen bringt ihn ins Krankenhaus Hallo Julian, alles Gute

(76 Wörter)

4. Schreibe den Text als Kassettendiktat.
Dafür sprichst du den Text langsam auf eine Kassette. Dann lässt du das Band Stück für Stück ablaufen und schreibst das jeweilige Textstück auf. Achte beim Aufnehmen des Textes auf die Betonung. Lies so, dass man deutlich hört, ob es sich um einen Ausruf, eine Frage oder einen Aussagesatz handelt.

Ursula Lassert: Diktate und Rechtschreibübungen · Best.-Nr. 145
© Brigg Verlag KG, Friedberg

4 Satzzeichen bei der wörtlichen Rede

4A

Die wörtliche Rede steht immer in Anführungszeichen. Steht die Rede nach dem Begleitsatz, dann endet dieser mit einem Doppelpunkt (Jan ruft: „Ich komme!“).
Steht die Rede vor dem Begleitsatz, dann endet die Rede immer mit einem Komma („Ich komme!“, ruft Jan.).

1. Unterstreiche die Rede rot und den Begleitsatz blau.

   Constantin fragt: „Hast du deinen neuen Fußball schon?“

   Till antwortet: „Den bekomme ich erst zum Geburtstag.“

   „Schade, mein Fußball ist nämlich kaputt“, seufzt Constantin.

   „Kommst du morgen zu mir?“, erkundigt sich Liane.

   „Ja, um drei Uhr, wie geplant“, antwortet Alina.

   „Hurra, prima!“, ruft Liane laut.

2. Kreise oben die Wörter für „sagen“ ein.

3. Ergänze Doppelpunkte und Anführungszeichen.

Texte kontrollieren – aber wie?

Felix fragt ___ ___ Wie kontrollierst du deine Texte? ___

Florian erklärt ___ ___ Ich lese den Text Wort für Wort durch. ___

Anne fragt ___ ___ Von vorne nach hinten oder von hinten nach vorne? ___

___ Ich mache beides ___ ___ meint Florian.

Katrin erklärt ___ ___ Das mache ich auch. Und wenn ich ein falsches Wort entdecke, streiche ich es durch und schreibe es richtig darüber. ___

___ Und ausgelassene Buchstaben oder Wörter füge ich ein ___ ___ ergänzt Lena.

(64 Wörter)

4. Schreibe die ersten vier Sätze von Aufgabe 3 hier ab.
   Oder: Erfinde ein kurzes Telefongespräch. Setze dabei die Satz- und Anführungszeichen.

Ursula Lassert: Diktate und Rechtschreibübungen · Best.-Nr. 145
© Brigg Verlag KG, Friedberg

4 Satzzeichen bei der wörtlichen Rede

4B

Die wörtliche Rede steht immer in Anführungszeichen. Steht die Rede nach dem Begleitsatz, dann endet dieser mit einem Doppelpunkt (Jan ruft: „Ich komme!").
Steht die Rede vor dem Begleitsatz, dann endet die Rede immer mit einem Komma („Ich komme!", ruft Jan.).

1. Unterstreiche die Rede rot und den Begleitsatz blau.

Constantin fragt: „Hast du deinen neuen Fußball schon?"

Till antwortet: „Den bekomme ich erst zum Geburtstag."

„Schade, mein Fußball ist nämlich kaputt", seufzt Constantin.

„Kommst du morgen zu mir?", erkundigt sich Liane.

„Ja, um drei Uhr, wie geplant", antwortet Alina.

„Hurra, prima!", ruft Liane laut.

2. Kreise oben die Wörter für „sagen" ein. Dann suche mündlich drei weitere dazu.

3. Ergänze Doppelpunkte und Anführungszeichen.

Texte kontrollieren – aber wie?

Felix fragt Wie kontrollierst du deine Texte?
Florian erklärt Ich lese den Text Wort für Wort durch.
Von vorne nach hinten oder von hinten nach vorne? fragt Anne.
Ich mache beides meint Florian.
Katrin erklärt Das mache ich auch. Und wenn ich ein falsches Wort entdecke, streiche ich es durch und schreibe das Wort richtig darüber.
Und ausgelassene Buchstaben oder Wörter füge ich ein ergänzt Lena.
Kai lacht Texte kontrollieren macht mir mehr Spaß als Texte schreiben.
Mir auch. Da komme ich mir vor wie ein Lehrer erklärt Uli nickend. (88 Wörter)

4. Erfinde ein Telefongespräch. Setze dabei die Satz- und Anführungszeichen.

Ursula Lassert: Diktate und Rechtschreibübungen · Best.-Nr. 145
© Brigg Verlag KG, Friedberg

5 Kommas bei Aufzählungen und bei *und, oder, aber, denn* 5A

Bei Aufzählungen werden die einzelnen Satzglieder durch Kommas getrennt, wenn sie nicht durch *und* oder *oder* verbunden sind (Ich lese, schreibe und male gern.).

1. Unterstreiche die Aufzählungen.

   Die Mädchen flüsterten, kicherten und lachten immer wieder.

   Klaus kaufte Obst, Gemüse, Milch und Brot ein.

   Toni spitzte den blauen, den grünen, den violetten und den roten Stift.

2. Ergänze die Kommas.

   Franca und Alex hüpften sprangen und tollten durch den Garten.

   Sie malte blaue rote violette und gelbe Blumen.

   Anna Clara Tilo und Marc gingen gestern schwimmen.

Wenn zwei Sätze mit *und* oder *oder* verbunden sind, kannst du ein Komma setzen, aber du musst nicht. Sind zwei Sätze mit *aber* oder *denn* verbunden, dann muss ein Komma gesetzt werden.

3. Unterstreiche in jedem Satz das Bindewort und, wenn vorhanden, das Komma davor.

   Anne geht zum Zahnarzt und Piet geht zum Nachhilfeunterricht.

   Es sah nach Sonnenschein aus, aber da fielen schon die ersten Tropfen.

   Willst du einen Pulli als Geschenk oder willst du ein neues Computerspiel?

   Sie nahmen ihre Regenjacken, denn es regnete fürchterlich.

4. Setze nur dort ein Komma, wo es sein **muss**.

Jeron und Piet unterwegs

Jeron fährt nach der Schule mit dem Fahrrad zu seinem Freund Piet___ aber Lisa bleibt zu Hause. Er hat seinen Computer___ seine CDs___ seine Bücher___ und seine Stifte mitgenommen. Daniel will mit Piet mehrere CDs brennen___ und sie morgen in die Klassenbibliothek legen. Nach der Arbeit nehmen Jeron und Piet ihre Badesachen___ denn sie wollen im Meer schwimmen. Jeron schwimmt gut___ aber Piet muss noch viel üben. Sie sammeln Muscheln___ Schnecken___ Steine___ und Holzstückchen. (74 Wörter)

5. Lass dir vier Sätze mit Kommas diktieren.

Ursula Lassert: Diktate und Rechtschreibübungen · Best.-Nr. 145
© Brigg Verlag KG, Friedberg

5 Kommas bei Aufzählungen und bei *und, oder, aber, denn* 5B

Bei Aufzählungen werden die einzelnen Satzglieder durch Kommas getrennt, wenn sie nicht durch *und* oder *oder* verbunden sind (Ich lese, schreibe und male gern.).

1. Unterstreiche die Aufzählungen.

   Die Mädchen flüsterten, kicherten und lachten immer wieder.

   Klaus kaufte Obst, Gemüse, Milch und Brot ein.

2. Ergänze die Kommas. 

   Franca und Alex hüpften sprangen und tollten durch den Garten.

   Sie malte blaue rote violette und gelbe Blumen.

   Anna Clara Tilo und Marc gingen gestern schwimmen.

   Sie flüsterten und lachten die ganze Stunde lang.

   Toni spitzte den blauen den grünen den violetten und den roten Stift.

   Die beiden Brüder zankten stritten und kämpften ständig miteinander.

Wenn zwei Sätze mit *und* oder *oder* verbunden sind, kannst du ein Komma setzen, aber du musst nicht. Sind zwei Sätze mit *aber* oder *denn* verbunden, dann muss ein Komma gesetzt werden.

3. Unterstreiche in jedem Satz das Bindewort und, wenn vorhanden, das Komma davor.

   Anne geht zum Zahnarzt und Piet geht zum Nachhilfeunterricht. Es sah nach Sonnenschein aus, aber da fielen schon die ersten Tropfen. Willst du einen Pulli als Geschenk, oder willst du ein neues Computerspiel? Sie nahmen ihre Regenjacken, denn es regnete fürchterlich.

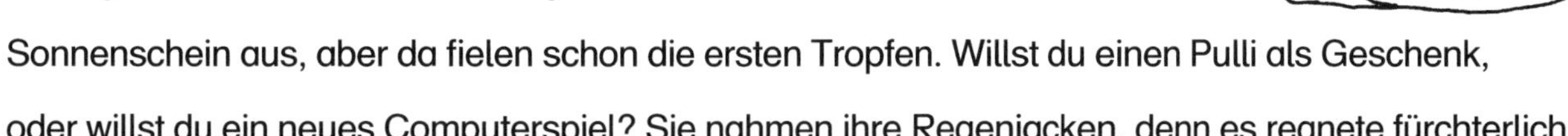

4. Setze nur dort ein Komma, wo es sein **muss**.

Jeron und Piet unterwegs

Jeron fährt nach der Schule mit dem Fahrrad zu seinem Freund Piet aber Lisa bleibt zu Hause. Er hat seinen Computer seine CDs seine Bücher und seine Stifte mitgenommen. Daniel will mit Piet mehrere CDs brennen und sie morgen in die Klassenbibliothek legen. Nach der Arbeit nehmen Jeron und Piet ihre Badesachen denn sie wollen im Meer schwimmen. Jeron schwimmt gut aber Piet muss noch viel üben. Sie sammeln Muscheln Schnecken Steine und Holzstückchen. (74 Wörter)

5. Lass dir den Text diktieren. Ergänze selbst die Kommas.

Ursula Lassert: Diktate und Rechtschreibübungen · Best.-Nr. 145
© Brigg Verlag KG, Friedberg

Test: Worttrennung und Zeichensetzung A

1. Trenne die Wörter, so oft wie möglich, mit einem Strich.

Nichte, draußen, Lehrer, Sommer, Seife, wischen **6 P**

Schlüssel, Sätze, schenken, dehnen, Wiese, Beeren **6 P**

2. Ergänze die Kommas bei den Aufzählungen.

Piet Anna Mike und Toni liefen den Berg hinauf. **1 P**

Sie kletterten auf Felsen und Bäume. **1 P**

Julian malt am liebsten Häuser Brücken Schiffe und Flugzeuge. **1 P**

3. Ergänze die Satzschlusszeichen.

Hurra, ich bin der Schnellste____ Wann kommt ihr zu mir____ **2 P**

Klaus liest seine Geschichte vor____ Spitze, spitze, einfach toll____ **2 P**

Gehen wir heute schwimmen____ Dürfen wir Spielsachen mitnehmen____ **2 P**

4. Ergänze die Anführungszeichen, Kommas und Doppelpunkte.

____Nino, schreibst du immer alles richtig?____ ____ fragt Anna ihren Freund. **1 P**

Nino erklärt____ ____ Nein, natürlich nicht. Aber ich denke oft an die Regeln, wenn ich mir unsicher bin.____ **1 P**

Anna wundert sich____ ____ Regeln helfen dir?____ **1 P**

____Ja klar, aber du musst sie natürlich auswendig können____ ____ erwidert Nino. **1 P**

____Aber ich kann die nicht behalten____ ____ klagt das Mädchen. **1 P**

____Schreibe sie auf Zettel und hänge sie in der Wohnung auf____ ____ schlägt Nino vor. **1 P**

5. Ergänze ein Komma, wo es unbedingt sein muss.

Fred liest ein Buch und Franca schreibt einen Brief. **1 P**

Gehst du morgen ins Kino oder kommst du zu mir? **1 P**

Ich helfe heute im Garten aber ich habe keine Lust. **1 P**

Punktespiegel:
30–29 Punkte = sehr gut, 28–26 Punkte = gut, 25–19 Punkte = befriedigend,
18–12 Punkte = ausreichend, weniger als 12 = mangelhaft

Ursula Lassert: Diktate und Rechtschreibübungen · Best.-Nr. 145
© Brigg Verlag KG, Friedberg

Test: Worttrennung und Zeichensetzung B

1. Trenne die Wörter, so oft wie möglich, mit einem Strich.

Nichte, fleißig, draußen, Lehrer, Sommernächte, Seife, Hühner, Nächte **8 P**

Haustürschlüssel, Sätze, schenken, dehnen, Wiese, Hasen, Beeren, wischen **8 P**

2. Ergänze die Kommas bei den Aufzählungen.

Piet Anna Mike und Toni liefen den Berg hinauf. **1 P**

Sie kletterten auf Felsen und Bäume. **1 P**

Julian malte am liebsten Häuser Brücken Schiffe und Flugzeuge. **1 P**

Tom und Kim lachten kicherten spielten und erzählten den ganzen Tag lang. **1 P**

3. Ergänze die Satzschlusszeichen.

Hurra, ich bin der Schnellste____ Wann kommt ihr zu mir____ **2 P**

Klaus liest seine Geschichte vor____ Spitze, spitze, einfach toll____ **2 P**

Wandern wir zum alten Schloss____ Dürfen wir Spielsachen mitnehmen____ **2 P**

Kommt und helft mir endlich____ Mutter arbeitet jeden Tag im Krankenhaus____ **2 P**

4. Ergänze die Satz- und Anführungszeichen.

____Nino, schreibst du immer alles richtig____ ____ ____ fragt Anna ihren Freund ____ **1 P**

Nino erklärt____ ____ Nein, natürlich nicht____ Aber ich denke oft an die Regeln,

wenn ich unsicher bin ____ ____ **1 P**

Anna wundert sich____ ____ Regeln helfen dir____ ____ **1 P**

____Ja klar, aber du musst sie natürlich auswendig können____ ____ erwidert Nino ____ **1 P**

____Aber ich kann die nicht behalten____ ____ klagt das Mädchen ____ **1 P**

____Schreibe sie auf Zettel und hänge sie in der Wohnung auf____ ____ schlägt Nino vor ____ **1 P**

5. Ergänze ein Komma, wo es unbedingt sein muss.

Fred liest ein Buch und Franca schreibt einen Brief. **1 P**

Gehst du morgen ins Kino oder kommst du zu mir? **1 P**

Ich helfe heute im Garten aber ich habe keine Lust. **1 P**

Ich bleibe im Bett denn ich habe Fieber. **1 P**

Punktespiegel:
38–37 Punkte = sehr gut, 36–34 Punkte = gut, 33–25 Punkte = befriedigend,
24–17 Punkte = ausreichend, weniger als 17 Punkte = mangelhaft

Ursula Lassert: Diktate und Rechtschreibübungen · Best.-Nr. 145
© Brigg Verlag KG, Friedberg

Groß- und Kleinschreibung

1A Seite 6

1./2. Ausflug in einen Wilderlebnispark
Gestern haben Jan und Elisa und ihre Eltern einen herrlichen Ausflug in einen großen Wilderlebnispark gemacht. Da gab es viel zu sehen und zu erleben. Sie beobachteten, wie wild und ausgelassen die kleinen Affenkinder auf den Bäumen und Seilen herumkletterten. In der Falknerei konnten sie die Geschicklichkeit der großen Greifvögel erleben. Später betrachteten sie von ihrem Auto aus Hirsche und Wildpferde. Das war spannend! Zum Abschluss des Ausfluges spielten die Kinder auf einem riesigen Spielplatz.
3. Geschicklichkeit
4. 1) die Kinder 2) die kleinen Affenkinder 3) ihre Eltern
5. Ausflug – Ausflüge, Wilderlebnispark – Wilderlebnisparks, Affenkind – Affenkinder, Baum – Bäume, Seil – Seile, Falknerei – Falknereien, Geschicklichkeit – Geschicklichkeiten, Greifvogel – Greifvögel, Auto – Autos, Hirsch – Hirsche, Wildpferd – Wildpferde, Abschluss – Abschlüsse, Kind – Kinder, Spielplatz – Spielplätze

1B Seite 7

1./2. **A**usflug in einen **W**ilderlebnispark
Gestern haben **J**an und **E**lisa und ihre **E**ltern einen herrlichen **A**usflug in einen großen **W**ilderlebnispark gemacht. **D**a gab es viel zu sehen und zu erleben. **S**ie beobachteten, wie wild und ausgelassen die kleinen **A**ffenkinder auf den **B**äumen und **S**eilen herumkletterten. In der **F**alknerei konnten sie die **G**eschicklichkeit der großen **G**reifvögel erleben. **S**päter betrachteten sie von ihrem **A**uto aus **H**irsche und **W**ildpferde. **D**as war spannend! **Z**um **A**bschluss des **A**usfluges spielten die **K**inder auf einem riesigen **S**pielplatz.
2. Ausflug – Ausflüge, Wilderlebnispark – Wilderlebnisparks, Affenkind – Affenkinder, Baum – Bäume, Seil – Seile, Falknerei – Falknereien, Geschicklichkeit – Geschicklichkeiten, Greifvogel – Greifvögel, Auto – Autos, Hirsch – Hirsche, Wildpferd – Wildpferde, Abschluss – Abschlüsse, Kind – Kinder, Spielplatz – Spielplätze
3. die Dunkelheit, die Traurigkeit, die Gesundheit, die Einsamkeit, die Schönheit, die Höflichkeit
4. der Lehrer – die Lehrerin, der Fahrer – die Fahrerin, der Künstler – die Künstlerin, der Maler – die Malerin, der Architekt – die Architektin, der Bauer – die Bäuerin

2A Seite 8

1. lustig, hart, wütend, mutig, lang
2. Das mutige Hündchen sprang über den Gebirgsbach. Alle lachten über den lustigen Clown. Der wütende Pit war rot vor Zorn. Herr Pietsch war müde von der schrecklich langen Autofahrt. Anna fand die harten Holzsitze in dem alten Zug sehr unbequem.
3. lang, länger, am längsten; mutig, mutiger, am mutigsten; hart, härter, am härtesten; lustig, lustiger, am lustigsten
4./5. Der Wüterich
Die lustige Lexa und der mutige Micha trafen gestern den wütenden Willi im Tennisclub. Willi hatte gerade mal wieder ein Spiel verloren. Nun schrie und tobte er dort herum. Wie immer, wenn Willi wütend war, schmiss er die Tennisbälle und sogar seinen schönen Tennisschläger einfach auf den Platz. Aber oh weh, dieses Mal traf der harte Schläger den Kopf seines Gegners. Willi wurde vom Platz verwiesen. Zwei Monate lang durfte er den Tennisplatz nicht mehr betreten. Das war wirklich eine lange Zeit.

2B Seite 9

1. groß, lustig, dick, hart, weich, wütend, mutig, nass, lang, schön
2. Das **mutige** Hündchen sprang über den Gebirgsbach. Alle lachten über den **lustigen** Clown. Der **wütende** Pit war rot vor Zorn. Flora fand das gelbe T-Shirt **schöner** als das rote. Herr Pietsch war müde von der schrecklich **langen** Autofahrt. Anna fand die **harten** Holzsitze in dem alten Zug sehr unbequem.
3. lang, länger, am längsten; mutig, mutiger, am mutigsten; hart, härter, am härtesten; lustig, lustiger, am lustigsten
4./5. Der Wüterich
Die lustige Lexa und der mutige Micha trafen gestern den wütenden Willi im Tennisclub. Willi hatte gerade mal wieder ein Spiel verloren. Nun schrie und tobte er dort herum. Wie immer, wenn Willi wütend war, schmiss er die Tennisbälle und sogar seinen schönen Tennisschläger einfach auf den Platz. Aber oh weh, dieses Mal traf der harte Schläger den Kopf seines Gegners. Willi wurde vom Platz verwiesen. Zwei Monate lang durfte er den Tennisplatz nicht mehr betreten. Das war wirklich eine lange Zeit.

3A Seite 10

1. Anne lebt mit ihrer Mutter im Schwarzwald. Über diesen Witz lachte die ganze Klasse. Gestern kaufte Alexia ein Computerspiel für ihre Freundin. Laura kam als Erste. Wann sagst du mir Bescheid, ob du kommst? Jan und Tom lesen gerne Krimis.
2. Jan wollte seinen Aufsatz erst einmal **vorschreiben**. Mit dem Schlitten wollten sie den Abhang **hinuntersausen**. Sie wollten noch vor dem Unwetter nach Hause **zurückfahren**. Constantin wollte das Paket mit einem Messer **aufschneiden**.
3. wissen – das Wissen, lachen – zum Lachen, laufen – das Laufen, lesen – beim Lesen
4. So ein Geheimniskrämer!
Toni hat viele Geheimnisse. Er weiß, wo ein Igel **w**ohnt, aber er sagt es niemandem. Er weiß sogar, wo die Nutrias am See leben, aber er zeigt sie niemandem. Er kennt einen tollen Platz zum Spielen, aber auch den **v**errät er niemandem. So kann er dort immer nur allein **s**pielen. Wie langweilig! Die Kinder in der Schule mögen ihn nicht, weil er immer so tut, als wüsste er alles besser, aber nie etwas sagt. Sie lassen ihn allein mit seinen Geheimnissen.

3B Seite 11

1. Anne lebt mit ihrer Mutter im Schwarzwald. Über diesen Witz lachte die ganze Klasse. Gestern kaufte Alexia ein Computerspiel für ihre Freundin. Laura kam als Erste. Wann sagst du mir Bescheid, ob du kommst? Jan und Tom lesen gerne Krimis. Collin schreibt gerne lustige Gedichte. Wir haben gestern einen Frosch gesehen.
2. Jan wollte seinen Aufsatz erst einmal **vorschreiben**. Mit dem Schlitten wollten sie den Abhang **hinuntersausen**. Sie wollten noch vor dem Unwetter nach Hause **zurückfahren**. Constantin wollte das Paket mit einem Messer **aufschneiden**. Tim will seine Freundin vom Sport **abholen**.
3. Er liebt das **Laufen** durch den Wald. Er fand das Spiel zum **Lachen**. Beim **Lesen** hörte er immer leise Musik.
4. So ein Geheimniskrämer!
Toni hat viele Geheimnisse. Er weiß, wo ein Igel **w**ohnt, aber er sagt es niemandem. Er weiß sogar, wo die Nutrias am See leben, aber er zeigt sie niemandem. Er **k**ennt einen tollen Platz zum Spielen, aber auch den **v**errät er nieman-

Ursula Lassert: Diktate und Rechtschreibübungen · Best.-Nr. 145
© Brigg Verlag KG, Friedberg

dem. So kann er dort immer nur allein spielen. Wie langweilig! Die Kinder in der Schule mögen ihn nicht, weil er immer so tut, als wüsste er alles besser, aber nie etwas sagt. Sie lassen ihn allein mit seinen Geheimnissen.

4A Seite 12

1. einkreisen: wir, ich, du, er, sie, uns, euch, mir, dein, ihr
2. 1) **Sie** gehen nach Hause. 2) **Er** schaut dem Spiel zu. 3) **Sie** trifft ihren Freund. 4) Ich habe **ihn** gestern gesehen.
3. einkreisen: mein, dein, sein, euer, ihren, unser, ihre
4. Liebe Frau Hannen,

in diesen Ferien wandere ich mit meinen Eltern auf dem Eifelsteig von Trier nach Aachen. Kennen Sie die Eifel? Manchmal ist es hier ganz einsam. Aber das ist sehr schön. Dann hört man nur die Vögel singen. Das erinnert mich an Ihr Vogelbuch, das Sie uns in der Schule gezeigt haben. Ich wünsche Ihnen schöne Ferien und grüße Sie herzlich

Ihre Ulla

4B Seite 13

1. einkreisen: wir, ich, du, er, sie, uns, euch, mir, es, ihr
2. 1) Sie gehen nach Hause. 2) Er schaut dem Spiel zu. 3) Sie trifft ihren Freund. 4) Ich habe euch gestern gesehen. 5) Gestern habe ich ihn getroffen. 6) Heute Morgen ging sie zu Omi.
3. einkreisen: mein, dein, sein, euer, ihren, unser, ihre
4. Liebe Frau Hannen,

in diesen Ferien wandere ich mit meinen Eltern auf dem Eifelsteig von Trier nach Aachen. Kennen Sie die Eifel? Manchmal ist es hier ganz einsam. Aber das ist sehr schön. Dann hört man nur die Vögel singen. Das erinnert mich an Ihr Vogelbuch, das Sie uns in der Schule gezeigt haben. Ich wünsche Ihnen schöne Ferien und grüße Sie herzlich

Ihre Ulla

Test A: Groß- und Kleinschreibung Seite 14

1. heiter – Heiterkeit, gemein – Gemeinheit, frech – Frechheit, dankbar – Dankbarkeit
2. Haus, Glück, Buch, Wut, Kleid, Freiheit
3. die Gärtnerin, die Architektin, die Bäckerin, die Friseurin
4. Drei hübsche Mädchen gehen ins Haus. Die schnellste Läuferin bekommt einen Preis.
5. 1) **Sie** gehen zum Bus. 2) Ich habe **sie** gestern gesehen. 3) Ulf hat **ihn** heute getroffen.
6. ankreuzen: 2)

Test B: Groß- und Kleinschreibung Seite 15

1. heiter – Heiterkeit, gemein – Gemeinheit, krank – Krankheit, frech – Frechheit, dankbar – Dankbarkeit, traurig – Traurigkeit
2. Haus, Glück, Buch, Wut, Kleid, Freiheit
3. die Gärtnerin, die Architektin, die Bäckerin, die Friseurin
4. Drei hübsche Mädchen gehen leise ins Haus. Die schnellste Läuferin bekommt den ersten Preis.
5. 1) **Sie** gehen zum Bus. 2) **Wir** kaufen Gemüse und Obst. 3) **Er** hat **sie** gestern gesehen. 4) **Sie** hat **ihn** heute getroffen.
6. ankreuzen: 2)

Ursula Lassert: Diktate und Rechtschreibübungen · Best.-Nr. 145
© Brigg Verlag KG, Friedberg

Dehnung und Schärfung

1A Seite 16

1. 1) mehrere, 2) Kuh, 3) Kehle
2. 1) Hahn 2) Jahr 3) (er) kräht 4) Hühner 5) wohnen 6) dreizehn
3. Tante Margas Hühnerhof

Jedes Jahr im Sommer wohnen wir zwei Wochen bei Tante Marga in einem kleinen Dorf am Müritzsee. Sie hat mehrere Tiere: zwei Pferde, eine Kuh, dreizehn Hühner und einen großen bunten Hahn. Sobald es morgens hell wird, kräht der Hahn aus voller Kehle. Obwohl die Hühner sehr ähnlich aussehen, kennt Tante Marga sie alle. Sie hat sogar jedem Tier einen Namen gegeben. Der Hahn heißt August und seine Lieblingsfrau Auguste.

1B Seite 17

1. die K**uh**, m**eh**rere, dreiz**eh**n, das J**ah**r, w**oh**nen, der H**ah**n, **äh**nlich, die H**üh**ner, die St**üh**le, er kr**äh**t
2. die Kuh, meh-re-re, drei-zehn, das Jahr, woh-nen, der Hahn, ähn-lich, die Hüh-ner, die Stüh-le, er kräht
3. Tante Margas Hühnerhof

Jedes **Jahr** im Sommer **woh**nen wir zwei Wochen bei Tante Marga in einem kleinen Dorf am Müritzsee. Sie hat **meh**rere Tiere: zwei Pferde, eine **Kuh**, drei**zehn** Hühner und einen großen bunten Hahn. Sobald es morgens hell wird, **kräht** der Hahn aus voller **Keh**le. Obwohl die **Hüh**ner sehr **ähn**lich aussehen, kennt Tante Marga sie alle. Sie hat sogar jedem Tier einen Namen gegeben. Der **Hahn** heißt August und seine Lieblingsfrau Auguste.

4. Rotke**h**lchen, gefä**h**rlich, belo**h**nen, segeln, Stro**h**ballen, Za**h**nspange, Hut, bequem, Fe**h**ler, a**h**nen, Armbandu**h**r, bo**h**ren, Tube, Feder, Wasserha**h**n

2A Seite 18

1. nieder – wieder, sprießen – gießen, die – sie, schliefen – liefen, biegen – Fliegen, Schienen – Bienen, Riese – Wiese, geschielt – gespielt
2. v**ie**l Geld, die T**ie**re, mit **ih**nen, das neug**ie**rige Kind, **ih**re Katze, die Sp**ie**lpause, mit **ih**m
3. Spielpause

Jo und Gritt liegen im Garten auf der Wiese und genießen den Sonnenschein. Sie hatten lange mit ihren beiden neuen Kaninchen gespielt. Das hatte ihnen viel Spaß gemacht, denn die beiden Tiere waren neugierig und wollten alles erforschen. Jo und Gritt mussten aufpassen, dass sie nicht wegliefen. Das war ziemlich anstrengend. Nun sind alle richtig müde. Ein paar Fliegen und Bienen summen immer wieder um die Kinder herum. Aber die beiden lassen sich nicht stören.

2B Seite 19

1. Musik, genießen, Zwiebel, gespielt, Kaninchen, viel, neugierig, Tiere, Tiger, verlieren
2. schliefen – liefen, liegen – Fliegen, Liese – Wiese, Schienen – Bienen, Lieder – wieder, Kabine – Maschine
3. sie fallen – sie fielen, sie scheinen – sie schienen, sie laufen – sie liefen, sie schreiben – sie schrieben
4. Spielpause

Jo und Gritt liegen im Garten auf der Wiese und genießen den Sonnenschein. Sie hatten lange mit ihren beiden neuen Kaninchen gespielt. Das (ihnen) (hatte) viel Spaß gemacht, denn die beiden Tiere waren neugierig und wollten alles erforschen. Jo und Gritt mussten aufpassen, dass sie nicht wegliefen. Das war ziemlich anstrengend. Nun sind alle richtig müde. Ein paar Fliegen und Bienen summen immer wieder um die Kinder herum. Aber beiden die ssen sich nicht stören.

3A Seite 20

1. Beere, Haar, Hausboot, Moor, paar, See, Tee, Teeblätter
2. 1) Hausboot, 2) Moor, 3) Beere, 4) paar
3. die Haarspange, das Motorboot, die Teeblätter, die Erdbeere, das Seeufer, das Hausboot
4. Der Muntermacher

Eva und ihre Mutter kommen müde von einer Wanderung rund um den See zurück. In ihrem Hausboot bereiten sie sofort einen leckeren Tee ~~**Schnee**~~ zu. Mutter gibt einen kleinen Löffel voll Teeblätter in eine Kanne. Sie gießt heißes Wasser darüber und lässt den Tee ~~**See**~~ vier Minuten ziehen. Dann nimmt sie die Teeblätter wieder heraus. Kurz darauf gießt Eva den goldgelben ~~**Fee**~~ Tee in weiße Porzellantassen. Und tatsächlich, ein paar Minuten später sind beide wieder munter.

3B Seite 21

1. der Z**oo**eingang, die Himb**ee**re, die S**ee**rose, der Tanzs**aa**l, das Nordm**ee**r, das Blumenb**ee**t, ein p**aa**r T**ee**blätter, das Hausb**oo**t, der Schn**ee**mann, das H**aa**r, der T**ee**
2. drei Silben haben: Zooeingang, Himbeere, Seerose, Blumenbeet, Teeblätter
3. der Früchtetee, das Tulpenbeet, die Stachelbeere, das Hausboot, das Nordmeer
4. Der Muntermacher

Eva und ihre Mutter kommen müde von einer Wanderung rund um den See zurück. In ihrem Hausboot bereiten ~~**Moor**~~ sie sofort einen leckeren Tee ~~**Schnee**~~ zu. Mutter gibt einen kleinen Löffel voll Teeblätter in eine Kanne. Sie gießt heißes Wasser darüber und lässt den Tee ~~**See**~~ vier Minuten ziehen. Dann nimmt sie die Teeblätter wieder heraus. Kurz darauf gießt Eva den goldgelben ~~**Fee**~~ Tee in weiße Porzellantassen. Und tatsächlich, ein paar Minuten später sind beide ~~**Haar**~~ wieder munter.

4A Seite 22

1. kommen, kennen, retten, fassen, murren, plappern, treffen, fallen
2. du kennst, er kennt; du rettest, er rettet; du fasst, er fasst; du murrst, er murrt; du plapperst, er plappert; du triffst, er trifft; du fällst, er fällt
3. 1) Bett 2) Stall 3) billig 4) Sonntag 5) Schimmel
4. **Entspannen**

Jeden **Mittwoch treffen** sich 10 Kinder aus der 3a am **Nachmittag** in einem **Klassenraum**. **Schnell rollen** sie Decken aus, legen sich darauf, schließen die Augen und atmen tief durch. Während sie auf das gleichmäßige Atmen achten, denken sie an etwas Schönes.
So versuchen sie, sich zu **entspannen**. Das ist gar nicht so einfach! Aber sie **wollen** das Geheimnis der **Entspannung** lernen, denn sie haben schon gemerkt, **dass** es gut tut und das Lernen leichter macht.

4B Seite 23

1. summen, ich summe, du summst, er/sie summt; rollen, ich rolle, du rollst, sie rollt; wollen, ich will, du willst, er/sie will; hoffen, ich hoffe, du hoffst, er hofft; treffen, ich treffe, du triffst, er/sie trifft
2. Treffpunkt, Brennholz, verraten, Fahrrad, abbauen, verrechnen, zerreißen, Stofftier
3. Entspan**nen** hilft beim Lernen

Jeden **Mitt**woch tref**fen** sich 10 Kinder aus der 3a am Nachmit**tag** in einem Klas**sen**raum. Schnell **rol**len sie Decken aus, legen sich darauf, schließen die Augen und atmen tief durch. Während sie auf das gleichmäßige Atmen achten, denken sie an etwas Schönes. So versuchen sie, sich zu entspan**nen**. Das ist gar nicht so einfach! Aber sie wol**len** das Geheimnis der Entspan**nung** lernen, denn sie haben schon gemerkt, dass es gut tut und das Lernen leichter macht.

5A Seite 24

1. geschnitzt – schnitzen, gewackelt – wackeln, geblitzt – blitzen, geflitzt – flitzen, getickt – ticken, gejuckt – jucken, gepackt – packen, gesetzt – setzen
2. verletzen: verletzt, Verletzung, Verletzter; kratzen: angekratzt, Kratzer, Kratzbürste; erschrecken: erschreckt, Schreck, schrecklich; backen: Bäcker, Bäckerei, backt
3. Wie der Blitz

Es ist ein heißer Julitag. Der vierjährige Toby sitzt auf der Wiese und spielt mit seiner kleinen Katze. Da entdeckt er in der Nähe eine Regenpfütze. Er strahlt. So ein Glück, da wird Maunz sich freuen! Schnell packt er die Katze und trägt sie dorthin. Je näher sie der Pfütze kommen, desto mehr schreit und kratzt Maunz. Als er sie in das kühle Wasser setzen will, rast sie wie der Blitz davon. Kannst du dir denken, warum?

5B Seite 25

1. schwitzen, ich schwitze, du schwitzt, er/sie schwitzt; pflücken, ich pflücke, du pflückst, er/sie pflückt; schlucken, ich schlucke, du schluckst, sie schluckt
2. Verletzung, verletzen, Verletzter, verletzbar, verletzt; erschrecken, erschreckt, schrecklich, Schreck; backen, backt, Bäckerei, Bäcker, Backpflaume; Kratzer, kratzen, angekratzt, Kratzbürste, verkratzt
3. Glück, sitzt, kratzt, entdeckt, setzen, Pfütze, packt
4. Wie der Blitz

Es ist ein heißer Julitag. Der vierjährige Toby **sitzt** auf der Wiese und spielt mit seiner kleinen Katze. Da **entdeckt** er in der Nähe eine Regenpfütze. Er strahlt. So ein **Glück**, da wird Maunz sich freuen! Schnell **packt** er die Katze und trägt sie dorthin. Je näher sie der **Pfütze** kommen, desto mehr schreit und **kratzt** Maunz. Als er sie in das kühle Wasser **setzen** will, rast sie wie der Blitz davon. Kannst du dir denken, warum?

Test A: Dehnung und Schärfung Seite 26

1. Sie w**oh**nt hier. **Ih**re Familie lebt seit fünf J**ah**ren in Köln. Der H**ah**n kr**äh**t jeden Morgen. Toni malt ein großes Bild. Lena sieht **ih**rer Mutter s**eh**r **äh**nlich.
2. Kai und Robin sp**ie**len auf der W**ie**se. Herr Hilger gibt **ih**nen Mandarinen und Rosinen. V**ie**le B**ie**nen fl**ie**gen um die Apfelblüten herum. Lastwagen transport**ie**ren v**ie**le verschi**e**dene Waren.
3. Vorsichtig wandern sie durch das M**oo**rgebiet. Herr Fell hat ein Motorb**oo**t gemietet. Anne pflückt Erdb**ee**ren im Garten. Lisa kämmt ihre langen H**aa**re.
4. Ham**m**er, schwi**mm**en, Fußbä**ll**e, ve**rr**aten, Fahr**r**äder, Tre**pp**enhaus
5. Bli**tz**e zucken über den Himmel. Der gebrochene Fuß schmer**z**t sehr. Mia findet eine win**z**ige Maus. Kevin und Lill si**tz**en auf der Mauer.
6. Kran**k**enhaus, Rü**ck**en, star**k**, tan**k**en, Stö**ck**e, verwel**k**t, Brü**ck**e, Topfde**ck**el

Ursula Lassert: Diktate und Rechtschreibübungen · Best.-Nr. 145
© Brigg Verlag KG, Friedberg

Test B: Dehnung und Schärfung Seite 27

1. Sie w**oh**nt hier. **Ih**re Familie lebt seit fünf J**ah**ren in Köln. Der H**ah**n kr**äh**t jeden Morgen. Toni malt ein großes Bild. Lena sieht **ih**rer Mutter s**eh**r **äh**nlich. M**eh**rere Freundinnen gehen nach der Schule ins Kino.
2. Kai und Robin sp**ie**len auf der W**ie**se. Herr Hilger l**ie**gt im L**ie**gestuhl und gen**ie**ßt die Sonne. Jonas kauft Mandar**i**nen und Ros**i**nen. Im Zoo sah Uli T**i**ger, B**i**ber und Krokod**i**le. Lastwagen transport**ie**ren v**ie**le versch**ie**dene Waren.
3. Vorsichtig wandern sie durch das M**oo**rgebiet. Herr Fell hat ein Motorb**oo**t gemietet. Anne pflückt Erdb**ee**ren im Garten. Lisa kämmt ihre langen H**aa**re.
4. Ha**mm**er, schwi**mm**en, Fußbä**ll**e, ve**rr**aten, Fah**rr**äder, Tre**pp**enhaus, Sto**ff**tier, he**rr**lich, vie**ll**eicht, Halske**tt**e
5. Bli**tz**e zucken über den Himmel. Der gebrochene Fuß schmer**zt** sehr. Mia findet eine win**z**ige Maus. Kevin und Lill si**tz**en auf der Mauer. Bei der großen Hi**tz**e trockneten die meisten Pil**z**e sehr schnell.
6. kran**k**, Rü**ck**en, star**k**, tan**k**en, Stö**ck**e, verwel**k**t, Brü**ck**e, Stü**ck**e, Gelen**k**e, kna**ck**en, Schne**ck**e, Bä**ck**er, win**k**en, Fal**k**e

Gleich und ähnlich klingende Laute

1A Seite 28

1. Strauch – Sträucher, Haus – Häuser, Kraut – Kräuter, Schlauch – Schläuche
2. Kauz – Käuzchen, Baum – Bäumchen, Mauer – Mäuerchen, Traube – Träubchen, Daumen – Däumchen
3. freuen – Freude – freundlich; bauen – Gebäude – Bauer; Traum – träumen – geträumt; tauschen – täuschen – getäuscht; rauschen – Geräusch – gerauscht
4. Die Hexe Malefizia

Die Hexe Malefizia arbeitet gerade im Kräutergarten von Gut Malefiz. Eines Tages hatte sie die alten Gebäude zwischen riesigen **Sträuchern** und Bäumen entdeckt. Spinnweben hingen an den blinden Fenstern und **Eu**len wohnten in der ehemaligen **Scheune**. Aber für Malefizia war es der schönste Ort der Welt und so zog sie sofort ein. Seit vielen Jahren lebt sie nun schon hier mit Emma, dem **Käuzchen**. Ach, wie schön gräulich kann Emma h**eu**len! Obwohl Malefizia das H**eu**len jeden Tag übt, will es ihr bis **heute** nicht gelingen.

1B Seite 29

1. Strauch – Sträucher, Haus – Häuser, Zaun – Zäune, Kraut – Kräuter, Schlauch – Schläuche, Baum – Bäume
2. Kauz – Käuzchen, Daumen – Däumchen, Mauer – Mäuerchen, Traube – Träubchen, Baum – Bäumchen, Pflaume – Pfläumchen, Raupe – Räupchen
3. äußerlich – außen, Geräusch – rauschen, Mäuschen – Maus, eingezäunt – Zaun, gräulich – grau, läuten – laut, träumen – Traum, Verkäuferin – kaufen
4. Die Hexe Malefizia

Die Hexe Malefizia arbeitet gerade im Kr**äu**tergarten von Gut Malefiz. Eines Tages hatte sie die alten Geb**äu**de zwischen riesigen **Sträuchern** und B**äu**men entdeckt. Spinnweben hingen an den blinden Fenstern und **Eulen** wohnten in der ehemaligen **Scheune**. Aber für Malefizia war es der schönste Ort der **Welt** und so zog sie sofort ein. Seit vielen Jahren lebt sie nun schon hier mit Emma, dem K**äu**zchen. Ach, wie schön gr**äu**lich kann Emma **heulen**! Obwohl Malefizia das Heulen jeden Tag übt, will es ihr bis **heute** nicht gelingen.

2A Seite 30

1. die Gans – das Gänschen, die Schnecke – das Schneckchen, die Jacke – das Jäckchen, die Fahne – das Fähnchen
2. der Kampf – die Kämpfe, die Kerze – die Kerzen, die Hecke – die Hecken, der Ball – die Bälle
3. beschäftigen – schaffen, Gedächtnis – dachte, erträglich – ertragen, Gemälde – malen, lächeln – lachen
4. Was spielten die römischen Kinder?

Nach fast 2000 Jahren wissen wir, was die römischen Kinder gespielt haben. Ist das nicht wunderbar? Das wissen wir, weil die Römer auf steinernen **Särgen** und auf **Wandgemälden** oft spielende Kinder dargestellt haben. So spielten die römischen Kinder mit Knöchelchen, Nüssen und auch **Bällen**. Die **Bälle** waren aus Leder oder Stoff. Sie waren mit Federn oder Luft gefüllt. Es hat **Wettkämpfe** und Mannschaftsspiele gegeben. Auch Geduldspiele waren eine beliebte **Beschäftigung** der römischen Kinder. Diese Spiele trainierten das **Gedächtnis** und förderten die Ausdauer.

2B Seite 31

1. die Gans – die Gänse, das Gänschen; die Hand – die Hände, das Händchen; das Bett – die Betten, das Bettchen; der Ball – die Bälle, das Bällchen
2. Beschäftigung – schaffen, jährlich – Jahr, Gegner – gegen, Gemälde – malen, lächeln – lachen, festlich – Fest
3. Was spielten die römischen Kinder?

Nach fast 2000 Jahren wissen wir, was die römischen Kinder gespielt haben. Ist das nicht wunderbar? Das wissen wir, weil die Römer auf steinernen **Särgen** und auf **Wandgemälden** oft spielende Kinder dargestellt haben. So spielten die römischen Kinder mit Knöchelchen, Nüssen und auch **Bällen**. Die **Bälle** waren aus Leder oder Stoff. Sie waren mit Federn oder Luft gefüllt. Es hat **Wettkämpfe** und Mannschaftsspiele gegeben. Auch Geduldspiele waren eine beliebte **Beschäftigung** der römischen Kinder. Diese Spiele trainierten das **Gedächtnis** und förderten die Ausdauer.

3A Seite 32

1. Wege – Weg, Körbe – Korb, Wände – Wand, Sonntage – Sonntag, Elefanten – Elefant, Burgen – Burg
2. er gibt – geben, sie schwebt – schweben, er erlebt – erleben, sie besichtigt – besichtigen, er stärkt – stärken, sie pumpt – pumpen
3. länger – lang, steiniger – steinig, neugieriger – neugierig, spannender – spannend, lieber – lieb, stärker – stark
4. Der Sonntagsausflug

Es war ein langer **Ausflug**, den Pit und Cindy am **Sonntag** mit ihren Eltern gemacht hatten. Zunächst führte ein steiniger Wanderweg sie den **Berg** hinauf zu einer **Burg**. Gegen Mittag kamen sie endlich dort an. **Neugierig** besichtigten sie die Räume. Dann stärkten sie sich im Café mit Saft und Kuchen. Eine Stunde später erreichten sie den Tierpark. Dort verbrachten sie zwei **spannende** Stunden. Sie durften auf **Elefanten** reiten und sogar eine fantastische Vogelschau **erleben**. Ganz erschöpft fuhren sie um halb fünf mit dem Bus nach Hause. Am liebsten wären sie noch länger geblieben.

3B Seite 33

1. Wege – der Weg, Körbe – der Korb, Burgen – die Burg, Wände – die Wand, Sonntage – der Sonntag, Kinder – das Kind

Ursula Lassert: Diktate und Rechtschreibübungen · Best.-Nr. 145
© Brigg Verlag KG, Friedberg

2. er gibt – geben, er stärkt – stärken, sie schlägt – schlagen
3. stärker – stark, steiniger – steinig, plumper – plump, blonder – blond, lieber – lieb, neugieriger – neugierig
5. Der Sonntagsausflug
Es war ein langer **Ausflug**, den Pit und Cindy am **Sonntag** mit ihren Eltern gemacht hatten. Zunächst führte ein steiniger **Wanderweg** sie den **Berg** hinauf zu einer **Burg**. Gegen **Mittag** kamen sie **endlich** dort an. **Neugierig besichtigten** sie die Räume. Dann **stärkten** sie sich im Café mit Saft und Kuchen. Eine Stunde später erreichten sie den **Tierpark**. Dort verbrachten sie zwei **spannende** Stunden. Sie durften auf **Elefanten** reiten und sogar eine fantastische Vogelschau **erleben**. Ganz **erschöpft** fuhren sie um **halb** fünf mit dem Bus nach Hause. Am **liebsten** wären sie noch länger geblieben.

4A Seite 34

1. 1) Gedicht 2) Nacht 3) möglich
2. lutschen – rutschen, echt – schlecht, dicht – nicht, acht – Nacht
3. versuchen – sie versucht, machen – er macht, wischen – er wischt, kochen – sie kocht, naschen – er nascht, lachen – sie lacht
4. -lich: fröhlich, stündlich, nächtlich, täglich; -isch: stürmisch, regnerisch, zänkisch, neidisch
5. Sarah liebt Gedichte
Sarah lernt am liebsten **Gedichte** auswendig. Sie kann schon eine ganze Menge. Ihre Mutter muss immer lachen, wenn ihrer Tochter zu allen **möglichen** Gelegenheiten ein passendes Gedicht einfällt. Wenn Sarah in der Nacht **nicht** schlafen kann, sagt sie ein Gedicht auf. Und schon ist sie wieder eingeschlafen. Beim Zahnarzt oder an der Haltestelle vertreibt sie sich ebenfalls die Wartezeit mit Gedichtaufsagen. Vielleicht magst du das auch einmal versuchen. Sarah findet, dass das großen Spaß macht.

4B Seite 35

1. lutschen – rutschen, echt – schlecht, Flasche – Tasche, dicht – nicht, acht – Nacht, haschen – naschen
2. er/sie macht, er/sie rutscht, er/sie wischt, er/sie kocht, er/sie nascht, er/sie lacht, er/sie lutscht
3. stürmisch, fröhlich, regnerisch, ängstlich, stündlich, zänkisch, täglich, neidisch, nächtlich
4. vorsi**ch**tig, leu**ch**ten, der Di**ch**ter, der Fi**sch**, die Fi**ch**te, er lä**ch**elt
5. Sarah liebt Gedichte
Sarah lernt am liebsten **Gedichte** auswendig. Sie kann schon eine ganze Menge. Ihre Mutter muss immer lachen, wenn ihrer Tochter zu allen **möglichen** Gelegenheiten ein passendes Gedicht einfällt. Wenn Sarah in der Nacht **nicht** schlafen kann, sagt sie ein Gedicht auf. Und schon ist sie wieder **eingeschlafen**. Beim Zahnarzt oder an der Haltestelle vertreibt sie sich ebenfalls die Wartezeit mit Gedichtaufsagen. **Vielleicht** magst du das auch einmal versuchen. Sarah findet, dass das großen Spaß macht.

5A Seite 36

1. er ringt – ringen, sie bringt – bringen, es klingt – klingen, sie schwingt – schwingen, er springt – springen, er schenkt – schenken
2. jung , jünger, am jüngsten; flink, flinker, am flinksten; lang, länger, am längsten; blank, blanker, am blanksten
3. 1) ängstlich 2) Bank 3) Gesang 4) Junge 5) Punkt 6) Zwillinge
4. Max und Lill
Max und Lill sind Zwillinge. Lill ist flink. Sie klettert auf jeden Baum und schwingt an jedem Ast. Max ist ängstlich. Er sitzt lieber unter einem Baum oder auf einer Bank. Dort liest oder träumt er. Wenn ihn jemand ärgert, läuft er weg. Meistens springt dann Lill herbei und boxt und ringt mit dem Angreifer. Lill wäre so gerne ein Junge. Max wäre so gerne ein Mädchen. Die beiden verstehen sich gut.

5B Seite 37

1. er ringt – ringen, du bringst – bringen, er winkt – winken, du klingst – klingen, sie schwingt – schwingen, du trinkst – trinken, er springt – springen, ihr schenkt – schenken, sie singt – singen
2. jung , jünger, am jüngsten; flink, flinker, am flinksten; blank, blanker, am blanksten; lang, länger, am längsten; streng, strenger, am strengsten; windig, windiger, am windigsten
3. 1) ängstlich 2) Bank 3) Gesang 4) Junge 5) Punkt 6) Zwilling
4. Max und Lill
Max und Lill sind Zwillinge. Lill ist flink. Sie **klettert auf** jeden Baum und schwingt an jedem Ast. Max ist ängstlich. Er sitzt lieber unter einem Baum oder auf einer Bank . Dort liest oder träumt er. Wenn ihn jemand ärgert, läuft er weg. Meistens springt dann Lill herbei und boxt und ringt mit dem Angreifer. Lill wäre so **gerne ein** Junge. Max wäre so gerne ein Mädchen. Die beiden verstehen sich gut.

Test A: Gleich und ähnlich klingende Laute Seite 38

1. Klaus tr**äu**mte von Vampiren und **Eu**len. Die Klasse 3b betrat n**eu**gierig das Museumsgeb**äu**de. M**äu**se huschten durch die großen R**äu**me.
2. Die G**ä**nse spazierten über die Wiese. Auf den alten Gem**ä**lden l**ä**chelten Ritter und Könige. Die Kinder fahren mit den R**ä**dern durch dichte W**ä**lder. Eine Vogelf**e**der s**e**gelte zur Erde hinunter.

3. Der We**g** zur Bur**g** war wei**t**. Der Ausflu**g** in den Wal**d** am letzten Feierta**g** war langweili**g**. Tim schen**k**t seinem Freun**d** ein Bil**d**. Vorsichti**g** le**g**t sie die Eier in den Kor**b**.
4. sie winkt – winken, er fängt – fangen, es hängt – hängen, sie denkt – denken, strenger – streng, länger – lang, schlanker – schlank, blanker – blank
5. Beispiele: nächster – nach, Mittwoch – Woche, der Koch – kochen, er huscht – huschen, sie wischt – wischen, weich – weicher

Test B: Gleich und ähnlich klingende Laute Seite 39

1. Klaus tr**äu**mte von Vampiren und **Eu**len. Die Klasse 3b betrat n**eu**gierig das Museumsgeb**äu**de. M**äu**se huschten durch die großen R**äu**me. Bei dem Sturm h**eu**te biegen sich alle Str**äu**cher und B**äu**me.
2. Die G**ä**nse lagen auf der Wiese. Eine Vogelf**e**der s**e**gelte allm**ä**hlich zur **E**rde. Auf den alten Gem**ä**lden l**ä**chelten Ritter und Könige. Die Kinder fahren mit den R**ä**dern durch dichte W**ä**lder. Anne trainiert j**e**den Tag ihr Ged**ä**chtnis und ihre Schn**e**lligkeit.
3. Der We**g** zur Bur**g** war wei**t**. Tim schenkt seinem Freun**d** ein Bil**d**. Der Ausflu**g** in den Wal**d** am letzten Feierta**g** war langweili**g**. Vorsichti**g** le**g**t sie die Eier in den Kor**b**.
4. sie winkt – winken, er fängt – fangen, es hängt – hängen, sie denkt – denken, es blinkt – blinken, sie singt – singen,

Ursula Lassert: Diktate und Rechtschreibübungen · Best.-Nr. 145
© Brigg Verlag KG, Friedberg

strenger – streng, länger – lang, schlanker - schlank , blanker – blank
5. Am nä**ch**sten Mittwo**ch**abend ist Lesena**ch**t. Mutter ko**ch**t Mus und Uli na**sch**t davon. Die Hexe Lill wi**sch**t, ra**sch**elt und ki**ch**ert in der Küche.

Schwierige Laute

1A Seite 40

1. gesummtes s: Sonne, sagen, leise, sehen; gezischtes s: das, Erlebnis, Hinweis, Omnibus, Haustür
2. Sand, sauber, Segel, Seife, Sohlen, Sorte
3. Felsen – der Fels, Hinweise – der Hinweis, Hälse – der Hals
4. lesen, ich lese, ich las, ich habe gelesen; bremsen, ich bremse, ich bremste, ich habe gebremst; reisen, ich reise, ich reiste, ich bin gereist
5. Ausgeträumt
Felix saß auf dem Sofa und las einen Krimi. Bestimmt würde er den Bösewicht finden, wenn er der Inspektor wäre. Er würde den Fall schnell lösen. Da war er sich ganz sicher. Die Augen fielen ihm zu und er träumte. Er reiste an die See. War da nicht ein verdächtiges Auto vor ihm auf der Küstenstraße? Könnte das der Verbrecher sein? Oh, da war plötzlich ein **Abgrund** vor ihm. Scharf bremste er seinen Porsche ab. Trotzdem hörte er einen heftigen Plumps. Was war das? Felix öffnete vorsichtig die Augen. Oh je, da war er doch vom Sofa gefallen. Gut, dass seine Schwester das nicht gesehen hatte.

1B Seite 41

1. gesummtes s: Sonne, sagen, leise, sehen, Wiese, Sachen, seit; gezischtes s: das, Erlebnis, Hinweis, Omnibus, Grashalm, Maus
2. Felsen – der Fels, Hinweise – der Hinweis, Hälse – der Hals, Reisen – die Reise, Läuse – die Laus, Gräser – das Gras
3. lesen, ich lese, ich las, ich habe gelesen; bremsen, ich bremse, ich bremste, ich habe gebremst; reisen, ich reise, ich reiste, ich bin gereist; blasen, ich blase, ich blies, ich habe geblasen; sausen, ich sause, ich sauste, ich bin gesaust
4. Ausgeträumt
Felix saß auf dem Sofa und las einen Krimi. Bestimmt würde er den Bösewicht finden, wenn er der Inspektor wäre. Er würde den Fall schnell lösen. Da war er sich ganz sicher. Die **Augen** fielen ihm zu und er träumte. Er reiste an die See. War da nicht ein verdächtiges Auto vor ihm auf der Küstenstraße? Könnte das der Verbrecher sein? Oh, da war plötzlich ein **Abgrund** vor ihm. Scharf bremste er seinen Porsche ab. Trotzdem hörte er einen heftigen Plumps. Was war das? Felix öffnete vorsichtig die Augen. Oh je, da war er doch vom Sofa gefallen. Gut, dass seine Schwester das nicht gesehen hatte.

2A Seite 42

1. ß: Fuß, groß, süß, Strauß, draußen, reißen; s: Maus, das, Gras, Eis, aus, Gans
2. Nüsse – die Nuss, Füße – der Fuß, Späße – der Spaß, Flüsse – der Fluss
3. süß – süßer, nass – nasser, blass – blasser, heiß – heißer
4. Eine gute Idee
Lisa macht nicht gerne Hausaufgaben. Sie spielt lieber **draußen**. Doch dann hat sie eine **großartige** Idee. Heute will sie mit den Aufgaben beginnen, die ihr **Spaß** machen. Danach will sie den hässlichen Teil erledigen, den Aufsatz und die **scheußlichen** Textaufgaben. Nach dem Aufsatz wird sie eine Pause **draußen** im Garten machen. Sie will einen Apfel essen, ein paar Nüsse knabbern und zum Schluss **süßen** Apfelsaft trinken. **Anschließend** wird sie die Textaufgaben rechnen. Dabei kann sie sich schon auf den Schwimmverein freuen.

2B Seite 43

1. ß: Fuß, groß, süß, Strauß, draußen, reißen; s: Maus, das, Gras, Eis, aus, Gans
2. Nüsse – die Nuss, Füße – der Fuß, Späße – der Spaß, Flüsse – der Fluss, Sträuße – der Strauß, Fässer – das Fass, Grüße – der Gruß
3. heißes Wetter, süße Bonbons, nasse Füße, weiße Wolken, scheußlich, flüssig, fleißig, großartig, dreißig, blass
4. Eine gute Idee
Lisa macht nicht gerne Hausaufgaben. Sie spielt lieber **draußen**. Doch dann hat sie eine **großartige** Idee. Heute will sie mit den Aufgaben beginnen, die ihr **Spaß** machen. Nach dem Aufsatz will sie den hässlichen Teil erledigen, den Aufsatz und die **scheußlichen** Textaufgaben. Danach wird sie eine Pause **draußen** im Garten machen. Sie will einen Apfel essen, ein paar Nüsse knabbern und zum Schluss **süßen** Apfelsaft trinken. **Anschließend** wird sie die Textaufgaben rechnen. Dabei kann sie sich schon auf den Schwimmverein freuen.

3A Seite 44

1. **sp**ritzen, fin**st**er, am lieb**st**en, Schwe**st**er, Mon**st**er, **st**reiten, **sp**itz
2. Nomen: Specht, Stachel, Spinne; Verben: springen, stehen, sprechen; Adjektive: stark, sportlich, spitz
3. einkreisen: Stern, Spatz, Ansprache, verstehen, still
4. Ein erstaunliches Hobby
Stefan hat dasselbe Hobby wie seine Schwester Asta. Am **liebsten** malen sie finstere Monster mit großen **starken** Zähnen oder Riesenwespen mit langen spitzen **Stacheln** auf Vaters Garagentor. Manchmal sind es auch riesige Spinnen mit langen schwarzen Beinen oder knallrote Spechte mit Riesenschnäbeln. Anschließend nehmen sie den Gartenschlauch und **spritzen** alles wieder ab. Das finden sie noch **lustiger** als das Malen. Nur ganz selten streiten sie darüber, was gemalt werden soll. Manchmal malt sogar ihr Vater mit.

3B Seite 45

1. **sp**ritzen, fin**st**er, am lieb**st**en, Schwe**st**er, Mon**st**er, **st**reiten, **sp**itz, wi**sp**ern, lu**st**ig, fe**st**, **st**ill, zuer**st**
2. Nomen: Spiegel, Stachel, Spinne; Verben: springen, stehen, sprechen; Adjektive: stark, sportlich, spät
3. Stern, Spatz, Ansprache, Specht, verstehen, still
4. Ein erstaunliches Hobby
Stefan hat dasselbe Hobby wie seine Schwester Asta. Am **liebsten** malen sie **finstere** Monster mit großen **starken** Zähnen oder Riesenwespen mit langen spitzen Stacheln auf Vaters Garagentor. Manchmal sind es auch riesige **Spinnen** mit langen schwarzen Beinen oder knallrote Spechte mit Riesenschnäbeln. Anschließend nehmen sie den Gartenschlauch und **spritzen** alles wieder ab. Das finden sie noch **lustiger** als das Malen. Nur ganz selten streiten sie

Ursula Lassert: Diktate und Rechtschreibübungen · Best.-Nr. 145
© Brigg Verlag KG, Friedberg

darüber, was gemalt werden soll. Manchmal malt sogar ihr Vater mit.

4A Seite 46

1. schl: schlecht, schlank; schm: Schmutz, schmal; schn: Schnee, schnell; schr: schreiben, schräg; schw: Schwein, schwören
2. Sie be**schl**ießen, morgen ins **Schw**immbad zu gehen. Gestern **schn**eite es den ganzen Tag. Vögel haben einen **Schn**abel. Die Pizza **schm**eckte allen gut.
3. schlau, schlecht, schnarchen, schnattern, schnaufen, schweben
4. So viele Schmetterlinge!

Frederic und Rica schlendern gemütlich über die Insel Mainau. Zum **Schluss** spazieren sie durch die Schmetterlingshalle. Viele **Schmetterlinge** schwärmen durch die warme Luft. Schon sitzt einer auf Ricas Haaren. Er sieht aus wie ein lebendiger Haarschmuck. Vorsichtig nimmt Frederic einen großen bunten Schmetterling auf seinen Finger. Das war gar nicht **schwierig** und Spaß macht es auch. Aber schon bald **schwitzen** die beiden Geschwister in der warmen Halle. Schnell laufen sie wieder hinaus ins Kühle.

4B Seite 47

1. Adjektive: schwer, schräg, schnell, schmal; Verben: schlagen, schreiben, schmerzen, schwören
2. Sie be**schl**ießen, morgen ins **Schw**immbad zu gehen. Gestern **schn**eite es den ganzen Tag. Vögel haben einen **Schn**abel. Die Pizza **schm**eckte allen gut. Der Knall er**schr**eckte alle Gäste. Quietschend **schl**ießt sich das alte Burgtor.
3. schlau, schlecht, schnarchen, schnattern, schnaufen, schweben, schwer, schwimmen
4. So viele Schmetterlinge!

Frederic und Rica schlendern gemütlich über die Insel Mainau. Zum **Schluss** spazieren sie durch die Schmetterlingshalle. Viele **Schmetterlinge** schwärmen durch die warme Luft. Schon sitzt einer auf Ricas Haaren. Er sieht aus wie ein lebendiger **Haarschmuck**. Vorsichtig nimmt Frederic einen großen bunten Schmetterling auf seinen Finger. Das war gar nicht **schwierig** und Spaß macht es auch. Aber schon bald **schwitzen** die beiden Geschwister in der warmen Halle. **Schnell** laufen sie wieder hinaus ins Kühle.

5A Seite 48

1. a) Wörter mit lz, nz, rz: stolz, Herz, Münze, ganz, Holz; Wörter mit tz: Katze, Witze, Satz, hetzen; b) Wörter mit k: Wolke, flink, dunkel, stark; Wörter mit ck: strecken, Decke, Brücke, wackeln
2. ankreuzen: nach kurzen Selbstlauten
3. glänzen, Balken, wirken, stolz, stinken, einzig, Herz, Zirkel
4. Mit Augen und Ohren

Cecil macht mit seinem Opa Ferien im Harz. Den ganzen Morgen haben sie Pilze gesammelt. Und nun liegt Cecil auf einer Bank. Er liest ein Buch über Pflanzen. Cecil liest gerne und sehr oft. Er ist stolz darauf, dass er sich alles Gelesene so gut merken kann. Seine Schwester Elke behält dagegen das am besten, was sie gehört hat. Witzig, oder nicht? Ganz einfach, Elke ist ein Ohrentyp, Cecil ein Augentyp. Und du?

5B Seite 49

1. a) Wörter mit lz, nz, rz: stolz, Herz, Münze, ganz, Holz, Kerze; Wörter mit tz: Katze, Witze, Satz, hetzen, Blitz, jetzt, Schatz; b) Wörter mit k: Wolke, flink, dunkel, stark, Zirkus, Quark strecken; Wörter mit ck: strecken, Decke, Brücke, wackeln, Sack, Blick
2. ankreuzen: nach kurzen Selbstlauten
3. glänzen, Balken, wirken, stolz, salzig, Ferkel, Pelz, Werkstatt, stinken, einzig, Herz, Zirkel, Pflanzen, stürzen, Benzin, Zirkus
4. Mit Augen und Ohren

Cecil macht mit seinem Opa Ferien im Harz. Den ganzen Morgen haben sie Pilze gesammelt. Und nun liegt Cecil auf einer Bank. Er liest ein Buch über Pflanzen. Cecil liest gerne und sehr oft. Er ist stolz darauf, dass er sich alles Gelesene so gut merken kann. Seine Schwester Elke behält dagegen das am besten, was sie gehört hat. Witzig, oder nicht? Ganz einfach, Elke ist ein Ohrentyp, Cecil ein Augentyp. Und du?

Test A: Schwierige Laute Seite 50

1. gesummtes s: Sonne, sagen, leise; gezischtes s: das, Erlebnis, Hinweis, Omnibus
2. Nü**ss**e, sü**ß**, Fü**ß**e, Spä**ß**e, Flü**ss**e, na**ss**
3. Ilse und Piet **s**prangen über die Baum**st**ümpfe. Thomas **sch**narchte fürchterlich. Die **S**pinne verschwand wie der Blitz hinter einer **St**ange.
4. schlecht, Schmutz, Schnee, schnell, schreiben, Schwein
5. Stol**z** schrieb Florian die schwierigen Sä**tz**e an die Tafel. Erschöpft se**tz**ten sie sich auf die Matra**tz**en. Susi legt neue Hol**z**scheite in den offenen Kamin. Die Puppen si**tz**en auf win**z**igen Stühlen.
6. Sie warf die verwel**k**ten Blumen weg. Lena zeichnete mit dem Zirkel einen Kreis. Im Ru**ck**sa**ck** trug er den Proviant für zwei Wochen. Nachden**k**lich ging Julian über die Brü**ck**e.

Test B: Schwierige Laute Seite 51

1. gesummtes s: Sonne, sagen, leise, Wiese; gezischtes s: das, Erlebnis, Hinweis, Omnibus, Gras
2. Nü**ss**e, sü**ß**, Fü**ß**e, Spä**ß**e, Flü**ss**e, bla**ss**, hei**ß**, na**ss**, gro**ß**
3. Ilse und Piet **s**prangen über die Baum**st**ümpfe. Thomas **sch**narchte fürchterlich. Die **S**pinne verschwand wie der Blitz hinter einer **St**ange. **S**tefan und Nora **sch**wammen ans andere Ufer.
4. schlank, schlecht, schmal, Schmutz, Schnee, schnell, schreiben, Schwein
5. Je**tz**t tan**z**t Anna stol**z** auf ihren Spi**tz**enschuhen vor. Sie se**tz**ten sich auf die Matra**tz**en und erzählten Wi**tz**e. Susi legte Hol**z**scheite und Gewür**z**pflan**z**en in den offenen Kamin. Die Kinder si**tz**en an win**z**igen Tischen mit hübschen Ker**z**en.
6. Sie warf die verwel**k**ten Blumen und tro**ck**enen Ste**ck**en weg. Lena zeichnete mit dem Zir**k**el einen Kreis um ein kleines Viere**ck**. Sie trug den schweren Ru**ck**sa**ck** sicher über eine schmale Brü**ck**e. Nachden**k**lich nahm Julian den De**ck**el vom Kochtopf.

Worttrennung und Zeichensetzung

1A Seite 52

1. 1) Boote 2) heute 3) Haare 4) Waage 5) Saite
2. Leu/te, Mäu/se, lei/se, Bie/nen, Schau/kel, Sträu/cher, au/ßen
3. Lehnstühle, Wasserhähne, Sportlehrer, auswählen, Wohnung

Ursula Lassert: Diktate und Rechtschreibübungen · Best.-Nr. 145
© Brigg Verlag KG, Friedberg

4. Ganz schön gefährlich!
Gleich hinter den Sträu/chern auf der Wie/se mit den vie/len Blumen stand die Schau/kel. Lili saß heu/te Morgen glücklich darauf und schwang wild hin und her. Plötzlich summte eine Bie/ne um ihren Kopf. Oh je, sie setzte sich sogar auf ihre Nase. Lili schüttelte die Haa/re und schnitt Grimassen, aber die Biene blieb sitzen. Mutig biss sie die Zäh/ne zusammen und zähl/te bis zehn. Dabei streifte sie kräftig mit ihren Schuh/soh/len über die Erde, um all/mäh/lich zu bremsen. Gerade als die Schau/kel stand, flog die Biene davon. Lili atmete erleichtert auf.

1B Seite 53

1. 1) Boote 2) heute 3) Haare 4) Waage 5) Saiten 6) Daumen 7) Träume 8) teuer
2. Leu/te, Mäu/se, Feu/er, Kai/ser, Trau/ben, lei/se, Bie/nen, Schau/kel, Sträu/cher, drau/ßen
3. Lehnstühle, Wasserhähne, Sportlehrer, auswählen, Wohnung, Fehler, kehren, Bohnen, fröhlich
4. Ganz schön gefährlich!
Gleich hinter den Sträu/chern auf der Wie/se mit den vie/len Blumen stand die Schau/kel. Lili saß heu/te Morgen ~~Klee~~ glücklich darauf und schwang wild hin und her. Plötzlich summte eine Bie/ne um ihren Kopf. Oh je, sie setzte sich sogar auf ihre Nase ~~Fehler~~. Lili schüttelte die Haa/re ~~Waage~~ und schnitt Grimassen, aber die Biene blieb sitzen. Mutig biss sie die Zäh/ne zusammen und zähl/te bis zehn. Dabei ~~keifte~~ streifte sie kräftig mit ihren Schuh/soh/len über die Erde, um all/mäh/lich zu ~~gefährlich~~ bremsen. Gerade als die Schau/kel stand, flog die Biene davon. Lili atmete erleichtert auf.

2A Seite 54

1. Be/sen, le/ben, Bro/te, nen/nen, Waf/fel, Mut/ter, Spie/gel, le/gen, Stü/cke, Wä/sche, la/chen
2. 1) Hammer 2) schneller 3) Katze 4) Brücke 5) Schränke 6) Fische 7) hastig
3. Gespensterjagd
Johann wi/ckel/te sich fest in seine Wolldecke und ver/steck/te sich im Keller. Er zit/ter/te vor Aufregung. Würde das Gespenst auch diese Nacht wieder durch das Haus ir/ren? Er würde es bestimmt vertreiben. Wenn es doch end/lich mal erscheinen würde! Wie lang/sam doch die Zeit verging! Gut, dass er ein paar Waffeln zum Knab/bern mitgenommen hatte. Johann machte es sich auf der alten Mat/rat/ze gemütlich. Ob es ein freund/li/ches Gespenst war? Ob es wirklich mit Ket/ten rasseln würde? Mit diesen Ge/dan/ken schlief er ein. Das Gespenst hat er weder gehört noch gesehen.

2B Seite 55

1. Be/sen, le/ben, Bro/te, nen/nen, Waf/fel, Mut/ter, wis/sen, Net/ze, Spin/nen, Fes/te, viel/leicht, Spie/gel, le/gen, Stü/cke, Wä/sche, nen/nen, la/chen, Stall/la/ter/ne, ver/ra/ten, Fahr/rä/der, son/dern
2. 1) Hammer 2) schneller 3) Katze 4) Brücke 5) Schränke 6) Fische 7) hastig 8) Mütze 9) finster
3. Gespensterjagd
Johann wi/ckel/te sich fest in seine Woll/de/cke und ver/steck/te sich im Keller. Er zit/ter/te vor Aufregung. Würde das Gespenst auch diese Nacht wieder durch das Haus ir/ren? Er würde es bestimmt vertreiben. Wenn es doch end/lich mal erscheinen würde! Wie lang/sam doch die Zeit ver/ging! Gut, dass er ein paar Waf/feln zum Knab/bern mit/ge/nom/men hatte. Johann machte es sich auf der alten Mat/rat/ze gemütlich. Ob es ein freund/li/ches Gespenst war? Ob es wirklich mit Ket/ten rasseln würde? Mit diesen Ge/dan/ken schlief er ein. Das Gespenst hat er weder gehört noch gesehen.

3A Seite 56

1. Fahren wir mit dem Bus? Ich bringe meinen Ball mit. Besichtigen wir eine Burg? **He, hört mal her!** Wie viel Geld dürfen wir mitnehmen? **Toll, eine super Idee!** Warum dürfen wir unsere Handys nicht mitnehmen? **Denkt unbedingt an feste Schuhe!** Ich bringe mein Springseil mit. Wo machen wir denn Pause?
2. Hilfe, ein Unfall!
Gestern spielten viele Kinder trotz des Regenwetters auf dem Schulhof. Warum rennt Julian so schnell? Sicher will er als Erster am Klettergerät sein. Oh weh, er stürzt! Warum steht er denn nicht schnell auf? Hat er sich etwa verletzt? Soll Elli eine Lehrerin rufen? He Julian, steh endlich auf! Aber Julian kann nicht aufstehen. Warum nicht? Er hat sich das linke Bein gebrochen. Oh, der Ärmste! Der Krankenwagen bringt ihn ins Krankenhaus. Hallo Julian, alles Gute!

3B Seite 57

1. Fahren wir mit dem Bus? Ich bringe meinen Ball mit. Besichtigen wir eine Burg? He, hört mal her! Wie viel Geld dürfen wir mitnehmen? Toll, eine super Idee! Warum dürfen wir unsere Handys nicht mitnehmen? Denkt unbedingt an feste Schuhe! Ich bringe mein Springseil mit. Wo machen wir denn Pause?
3. Hilfe, ein Unfall!
Gestern spielten viele Kinder trotz des Regenwetters auf dem Schulhof. Warum rennt Julian so schnell? Sicher will er als Erster am Klettergerät sein. Oh weh, er stürzt! Warum steht er denn nicht schnell auf? Hat er sich etwa verletzt? Soll Elli eine Lehrerin rufen? He Julian, steh endlich auf! Aber Julian kann nicht aufstehen. Warum nicht? Er hat sich das linke Bein gebrochen. Oh, der Ärmste! Der Krankenwagen bringt ihn ins Krankenhaus. Hallo Julian, alles Gute!

4A Seite 58

1. **Constantin fragt**: „Hast du deinen neuen Fußball schon?“ **Till antwortet**: „Den bekomme ich erst zum Geburtstag.“ „Schade, mein Fußball ist nämlich kaputt“, **seufzt Constantin.** „Kommst du morgen zu mir?“, **erkundigt sich Liane.** „Ja, um drei Uhr, wie geplant“, **antwortet Alina.** „Hurra, prima!“, **ruft Liane laut.**
2. einkreisen: fragt, antwortet, seufzt, erkundigt sich, antwortet, ruft
3. Texte kontrollieren – aber wie?
Felix fragt: „Wie kontrollierst du deine Texte?“ Florian erklärt: „Ich lese den Text Wort für Wort durch.“ Anne fragt: „Von vorne nach hinten oder von hinten nach vorne?“ „Ich mache beides“, meint Florian. Katrin erklärt: „Das mache ich auch. Und wenn ich ein falsches Wort entdecke, streiche ich es durch und schreibe es richtig darüber.“ „Und ausgelassene Buchstaben oder Wörter füge ich ein“, ergänzt Lena.

4B Seite 59

1. **Constantin fragt**: „Hast du deinen neuen Fußball schon?“ **Till *antwortet***: „Den bekomme ich erst zum Geburtstag.“ „Schade, mein Fußball ist nämlich kaputt“, **seufzt Constantin.** „Kommst du morgen zu mir?“, **erkundigt sich Liane.** „Ja, um drei Uhr, wie geplant“, **antwortet Alina.**

Ursula Lassert: Diktate und Rechtschreibübungen · Best.-Nr. 145
© Brigg Verlag KG, Friedberg

„Hurra, prima!", **ruft Liane laut.**
2. einkreisen: fragt, antwortet, seufzt, erkundigt sich, antwortet, ruft
3. Texte kontrollieren – aber wie?
Felix fragt: „Wie kontrollierst du deine Texte?" Florian erklärt: „Ich lese den Text Wort für Wort durch." Anne fragt: „Von vorne nach hinten oder von hinten nach vorne?" „Ich mache beides", meint Florian. Katrin erklärt: „Das mache ich auch. Und wenn ich ein falsches Wort entdecke, streiche ich es durch und schreibe es richtig darüber." „Und ausgelassene Buchstaben oder Wörter füge ich ein", ergänzt Lena. Kai lacht: „Texte kontrollieren macht mir mehr Spaß als Texte schreiben." „Mir auch. Da komme ich mir vor wie ein Lehrer", erklärt Uli nickend.

5A Seite 60

1. Die Mädchen flüsterten, kicherten und lachten immer wieder. Klaus kaufte Obst, Gemüse, Milch und Brot ein. Toni spitzte den blauen, den grünen, den violetten und den roten Stift.
2. Franca und Alex hüpften, sprangen und tollten durch den Garten. Sie malte blaue, rote, violette und gelbe Blumen. Anna, Clara, Tilo und Marc gingen gestern schwimmen.
3. Anne geht zum Zahnarzt und Piet geht zum Nachhilfeunterricht. Es sah nach Sonnenschein aus, aber da fielen schon die ersten Tropfen. Willst du einen Pulli als Geschenk oder willst du ein neues Computerspiel? Sie nahmen ihre Regenjacken, denn es regnete fürchterlich.
4. Jeron und Piet unterwegs
Jeron fährt nach der Schule mit dem Fahrrad zu seinem Freund Piet, aber Lisa bleibt zu Hause. Er hat seinen Computer, seine CDs, seine Bücher und seine Stifte mitgenommen. Daniel will mit Piet mehrere CDs brennen und sie morgen in die Klassenbibliothek legen. Nach der Arbeit nehmen Jeron und Piet ihre Badesachen, denn sie wollten im Meer schwimmen. Jeron schwimmt gut, aber Piet muss noch viel üben. Sie sammeln Muscheln, Schnecken, Steine und Holzstückchen.

5B Seite 61

1. Die Mädchen flüsterten, kicherten und lachten immer wieder. Klaus kaufte Obst, Gemüse, Milch und Brot ein.
2. Franca und Alex hüpften, sprangen und tollten durch den Garten. Sie malte blaue, rote, violette und gelbe Blumen. Anna, Clara, Tilo und Marc gingen gestern schwimmen. Sie flüsterten und lachten die ganze Stunde lang. Toni spitzte den blauen, den grünen, den violetten und den roten Stift. Die beiden Brüder zankten, stritten und kämpften ständig miteinander.
3. Anne geht zum Zahnarzt und Piet geht zum Nachhilfeunterricht. Es sah nach Sonnenschein aus, aber da fielen schon die ersten Tropfen. Willst du einen Pulli als Geschenk oder willst du ein neues Computerspiel. Sie nahmen ihre Regenjacken, denn es regnete fürchterlich.
4. Jeron und Piet unterwegs
Jeron fährt nach der Schule mit dem Fahrrad zu seinem Freund Piet, aber Lisa bleibt zu Hause. Er hat seinen Computer, seine CDs, seine Bücher und seine Stifte mitgenommen. Daniel will mit Piet mehrere CDs brennen und sie morgen in die Klassenbibliothek legen. Nach der Arbeit nehmen Jeron und Piet ihre Badesachen, denn sie wollten im Meer schwimmen. Jeron schwimmt gut, aber Piet muss noch viel üben. Sie sammeln Muscheln, Schnecken, Steine und Holzstückchen.

Test A: Worttrennung und Zeichensetzung Seite 62

1. Nich/te, drau/ßen, Leh/rer, Som/mer, Sei/fe, wi/schen, Schlüs/sel, Sät/ze, schen/ken, deh/nen, Wie/se, Bee/ren
2. Piet, Anna, Mike und Toni liefen den Berg hinauf. Sie kletterten auf Felsen und Bäume. Julian malt am liebsten Häuser, Brücken, Schiffe und Flugzeuge.
3. Hurra, ich bin der Schnellste! Wann kommt ihr zu mir? Klaus liest seine Geschichte vor. Spitze, spitze, einfach toll! Gehen wir heute schwimmen? Dürfen wir Spielsachen mitnehmen?
4. „Nino, schreibst du immer alles richtig?", fragt Anna ihren Freund. Nino erklärt: „Nein, natürlich nicht. Aber ich denke oft an die Regeln, wenn ich unsicher bin." Anna wundert sich: „Regeln helfen dir?" „Ja klar. Aber du musst sie natürlich auswendig können", erwidert Nino. „Aber ich kann die nicht behalten", klagt das Mädchen. „Schreibe sie auf Zettel und hänge sie in der Wohnung auf", schlägt Nino vor.
5. Fred liest ein Buch und Franca schreibt einen Brief. Gehst du morgen ins Kino oder kommst du zu mir? Ich helfe heute im Garten, aber ich habe keine Lust.

Test B: Worttrennung und Zeichensetzung Seite 63

1. Nich/te, flei/ßig, drau/ßen, Leh/rer, Som/mer/näch/te, Sei/fe, Hüh/ner, Näch/te, Haus/tür/schlüs/sel, Sät/ze, schen/ken, deh/nen, Wie/se, Ha/sen, Bee/ren, wi/schen
2. Piet, Anna, Mike und Toni liefen den Berg hinauf. Sie kletterten auf Felsen und Bäume. Julian malte am liebsten Häuser, Brücken, Schiffe und Flugzeuge. Tom und Kim lachten, kicherten, spielten und erzählten den ganzen Tag lang.
3. Hurra, ich bin der Schnellste! Wann kommt ihr zu mir? Klaus liest seine Geschichte vor. Spitze, spitze, einfach toll! Wandern wir zum alten Schloss? Dürfen wir Spielsachen mitnehmen? Kommt und helft mir endlich! Mutter arbeitet jeden Tag im Krankenhaus.
4. „Nino, schreibst du immer alles richtig?", fragt Anna ihren Freund. Nino erklärt: „ Nein, natürlich nicht. Aber ich denke oft an die Regeln, wenn ich unsicher bin." Anna wundert sich: „Regeln helfen dir?" „Ja klar. Aber du musst sie natürlich auswendig können", erwidert Nino. „Aber ich kann die nicht behalten", klagt das Mädchen. „Schreibe sie auf Zettel und hänge sie in der Wohnung auf", schlägt Nino vor.
5. Fred liest ein Buch und Franca schreibt einen Brief. Gehst du morgen ins Kino oder kommst du zu mir? Ich helfe heute im Garten, aber ich habe keine Lust. Ich bleibe im Bett, denn ich habe Fieber.

Ursula Lassert: Diktate und Rechtschreibübungen · Best.-Nr. 145
© Brigg Verlag KG, Friedberg

Diktate

Ursula Lassert: Diktate und Rechtschreibübungen · Best.-Nr. 145
© Brigg Verlag KG, Friedberg

Groß- und Kleinschreibung
Satzanfänge, Nomen, Eigennamen

Ausflug in einen Wilderlebnispark

Gestern haben Jan und Elisa und ihre Eltern einen herrlichen Ausflug in einen großen Wilderlebnispark gemacht. Da gab es viel zu sehen und zu erleben.
Sie beobachteten, wie wild und ausgelassen die kleinen Affenkinder auf den Bäumen und Seilen herumkletterten.
In der Falknerei konnten sie die Geschicklichkeit der großen Greifvögel erleben. Später betrachteten sie von ihrem Auto aus Hirsche und Wildpferde. Das war spannend! Zum Abschluss des Ausfluges spielten die Kinder auf einem riesigen Spielplatz.

(75 Wörter)

Groß- und Kleinschreibung
Adjektive

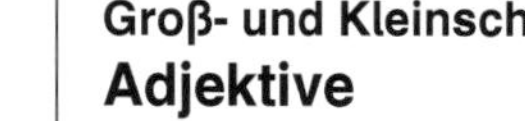

Der Wüterich

Die lustige Lexa und der mutige Micha trafen gestern den wütenden Willi im Tennisclub. Willi hatte gerade mal wieder ein Spiel verloren. Nun schrie und tobte er dort herum. Wie immer, wenn Willi wütend war, schmiss er die Tennisbälle und sogar seinen schönen Tennisschläger einfach auf den Platz. Aber oh weh, dieses Mal traf der harte Schläger den Kopf seines Gegners. Willi wurde vom Platz verwiesen. Zwei Monate lang durfte er den Tennisplatz nicht mehr betreten. Das war wirklich eine lange Zeit.

(81 Wörter)

Groß- und Kleinschreibung
Verben

So ein Geheimniskrämer!

Toni hat viele Geheimnisse. Er weiß, wo ein Igel wohnt, aber er sagt es niemandem. Er weiß sogar, wo die Nutrias am See leben, aber er zeigt sie niemandem. Er kennt einen tollen Platz zum Spielen, aber auch den verrät er niemandem. So kann er dort immer nur allein spielen. Wie langweilig!
Die Kinder in der Schule mögen ihn nicht, weil er immer so tut, als wüsste er alles besser, aber nie etwas sagt. Sie lassen ihn allein mit seinen Geheimnissen.

(81 Wörter)

Groß- und Kleinschreibung
Pronomen

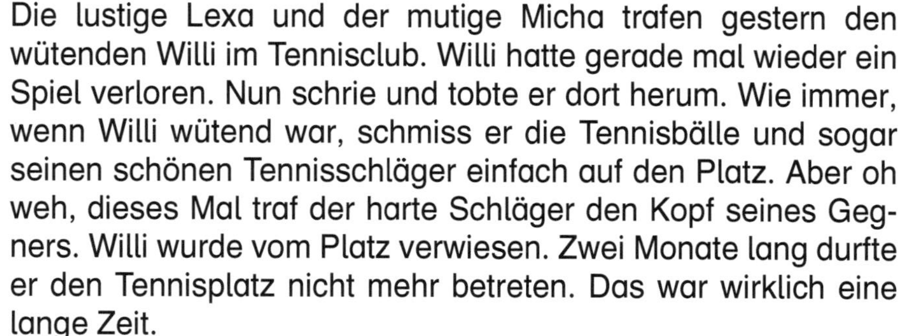

Liebe Frau Hannen,

in diesen Ferien wandere ich mit meinen Eltern auf dem Eifelsteig von Trier nach Aachen. Kennen Sie die Eifel? Manchmal ist es hier ganz einsam. Aber das ist sehr schön. Dann hört man nur die Vögel singen. Das erinnert mich an Ihr Vogelbuch, das Sie uns in der Schule gezeigt haben. Ich wünsche Ihnen schöne Ferien und grüße Sie herzlich

Ihre Ulla

(62 Wörter)

Diktate

Dehnung und Schärfung
Wörter mit Dehnungs-*h*

Tante Margas Hühnerhof

Jedes Jahr im Sommer wohnen wir zwei Wochen bei Tante Marga in einem kleinen Dorf am Müritzsee. Sie hat mehrere Tiere: zwei Pferde, eine Kuh, dreizehn Hühner und einen großen bunten Hahn. Sobald es morgens hell wird, kräht der Hahn aus voller Kehle. Obwohl die Hühner sehr ähnlich aussehen, kennt Tante Marga sie alle. Sie hat sogar jedem Tier einen Namen gegeben. Der Hahn heißt August und seine Lieblingsfrau Auguste.

(70 Wörter)

Dehnung und Schärfung
Wörter mit langem *i (i, ie, ih)*

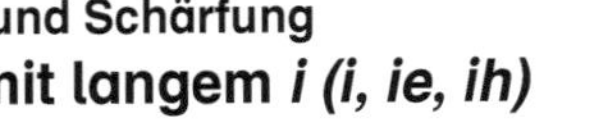

Spielpause

Jo und Gritt liegen im Garten auf der Wiese und genießen den Sonnenschein. Sie hatten lange mit ihren beiden neuen Kaninchen gespielt. Das hatte ihnen viel Spaß gemacht, denn die beiden Tiere waren neugierig und wollten alles erforschen. Jo und Gritt mussten aufpassen, dass sie nicht wegliefen. Das war ziemlich anstrengend. Nun sind alle richtig müde. Ein paar Fliegen und Bienen summen immer wieder um die Kinder herum. Aber die beiden lassen sich nicht stören.

(74 Wörter)

Dehnung und Schärfung
Wörter mit doppelten Selbstlauten

Der Muntermacher

Eva und ihre Mutter kommen müde von einer Wanderung rund um den See zurück. In ihrem Hausboot bereiten sie sofort einen leckeren Tee zu.

Mutter gibt einen kleinen Löffel voll Teeblätter in eine Kanne. Sie gießt heißes Wasser darüber und lässt den Tee vier Minuten ziehen. Dann nimmt sie die Teeblätter wieder heraus. Kurz darauf gießt Eva den goldgelben Tee in weiße Porzellantassen.

Und tatsächlich, ein paar Minuten später sind beide wieder munter.

(76 Wörter)

Dehnung und Schärfung
Wörter mit doppelten Mitlauten

Entspannen hilft beim Lernen

Jeden Mittwoch treffen sich 10 Kinder aus der 3a am Nachmittag in einem Klassenraum. Schnell rollen sie Decken aus, legen sich darauf, schließen die Augen und atmen tief durch. Während sie auf das gleichmäßige Atmen achten, denken sie an etwas Schönes.

So versuchen sie, sich zu entspannen. Das ist gar nicht so einfach! Aber sie wollen das Geheimnis der Entspannung lernen, denn sie haben schon gemerkt, dass es gut tut und das Lernen leichter macht.

(75 Wörter)

© Brigg Verlag KG, Friedberg

Ursula Lassert: Diktate und Rechtschreibübungen · Best.-Nr. 145
© Brigg Verlag KG, Friedberg

Diktate

Dehnung und Schärfung
Wörter mit *ck* und *tz*

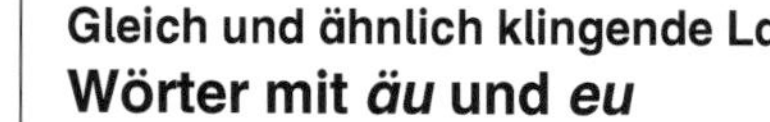

Wie der Blitz

Es ist ein heißer Julitag. Der vierjährige Toby sitzt auf der Wiese und spielt mit seiner kleinen Katze. Da entdeckt er in der Nähe eine Regenpfütze. Er strahlt. So ein Glück, da wird Maunz sich freuen! Schnell packt er die Katze und trägt sie dorthin. Je näher sie der Pfütze kommen, desto mehr schreit und kratzt Maunz. Als er sie in das kühle Wasser setzen will, rast sie wie der Blitz davon. Kannst du dir denken, warum?

(77 Wörter)

Gleich und ähnlich klingende Laute
Wörter mit *äu* und *eu*

Die Hexe Malefizia

Die Hexe Malefizia arbeitet gerade im Kräutergarten von Gut Malefiz. Eines Tages hatte sie die alten Gebäude zwischen riesigen Sträuchern und Bäumen entdeckt. Spinnweben hingen an den blinden Fenstern und Eulen wohnten in der ehemaligen Scheune. Aber für Malefizia war es der schönste Ort der Welt und so zog sie sofort ein.
Seit vielen Jahren lebt sie nun schon hier mit Emma, dem Käuzchen. Ach, wie schön gräulich kann Emma heulen! Obwohl Malefizia das Heulen jeden Tag übt, will es ihr bis heute nicht gelingen.

(85 Wörter)

Gleich und ähnlich klingende Laute
Wörter mit *ä* und *e*

Was spielten die römischen Kinder?

Nach fast 2000 Jahren wissen wir, was die römischen Kinder gespielt haben. Ist das nicht wunderbar? Das wissen wir, weil die Römer auf steinernen Särgen und auf Wandgemälden oft spielende Kinder dargestellt haben.
So spielten die römischen Kinder mit Knöchelchen, Nüssen und auch Bällen. Die Bälle waren aus Leder oder Stoff. Sie waren mit Federn oder Luft gefüllt. Es hat Wettkämpfe und Mannschaftsspiele gegeben. Auch Geduldspiele waren eine beliebte Beschäftigung der römischen Kinder. Diese Spiele trainierten das Gedächtnis und förderten die Ausdauer.

(82 Wörter)

Gleich und ähnlich klingende Laute
Wörter mit *b, d, g* und *p, t, k*

Der Sonntagsausflug

Es war ein langer Ausflug, den Pit und Cindy am Sonntag mit ihren Eltern gemacht hatten. Zunächst führte ein steiniger Wanderweg sie den Berg hinauf zu einer Burg. Gegen Mittag kamen sie endlich dort an. Neugierig besichtigten sie die Räume. Dann stärkten sie sich im Café mit Saft und Kuchen. Eine Stunde später erreichten sie den Tierpark. Dort verbrachten sie zwei spannende Stunden. Sie durften auf Elefanten reiten und sogar eine fantastische Vogelschau erleben. Ganz erschöpft fuhren sie um halb fünf mit dem Bus nach Hause. Am liebsten wären sie noch länger geblieben.

(93 Wörter)

Diktate

Gleich und ähnlich klingende Laute
Wörter mit *sch* und *ch*

Sarah liebt Gedichte

Sarah lernt am liebsten Gedichte auswendig. Sie kann schon eine ganze Menge. Ihre Mutter muss immer lachen, wenn ihrer Tochter zu allen möglichen Gelegenheiten ein passendes Gedicht einfällt. Wenn Sarah in der Nacht nicht schlafen kann, sagt sie ein Gedicht auf. Und schon ist sie wieder eingeschlafen. Beim Zahnarzt oder an der Haltestelle vertreibt sie sich ebenfalls die Wartezeit mit Gedichtaufsagen. Vielleicht magst du das auch einmal versuchen. Sarah findet, dass das großen Spaß macht.

(75 Wörter)

Gleich und ähnlich klingende Laute
Wörter mit *ng* und *nk*

Max und Lill

Max und Lill sind Zwillinge. Lill ist flink. Sie klettert auf jeden Baum und schwingt an jedem Ast. Max ist ängstlich. Er sitzt lieber unter einem Baum oder auf einer Bank. Dort liest oder träumt er.
Wenn ihn jemand ärgert, läuft er weg. Meistens springt dann Lill herbei und boxt und ringt mit dem Angreifer. Lill wäre so gerne ein Junge. Max wäre so gerne ein Mädchen. Die beiden verstehen sich gut.

(72 Wörter)

Schwierige Laute
Wörter mit *s*

Ausgeträumt

Felix saß auf dem Sofa und las einen Krimi. Bestimmt würde er den Bösewicht finden, wenn er der Inspektor wäre. Er würde den Fall schnell lösen. Da war er sich ganz sicher. Die Augen fielen ihm zu und er träumte. Er reiste an die See. War da nicht ein verdächtiges Auto vor ihm auf der Küstenstraße? Könnte das der Verbrecher sein? Oh, da war plötzlich ein Abgrund vor ihm. Scharf bremste er seinen Porsche ab. Trotzdem hörte er einen heftigen Plumps. Was war das? Felix öffnete vorsichtig die Augen. Oh je, da war er doch vom Sofa gefallen. Gut, dass seine Schwester das nicht gesehen hatte.

(106 Wörter)

Schwierige Laute
Wörter mit *ß* und *ss*

Eine gute Idee

Lisa macht nicht gerne Hausaufgaben. Sie spielt lieber draußen. Doch dann hat sie eine großartige Idee. Heute will sie mit den Aufgaben beginnen, die ihr Spaß machen.
Danach will sie den hässlichen Teil erledigen, den Aufsatz und die scheußlichen Textaufgaben.
Nach dem Aufsatz wird sie eine Pause draußen im Garten machen. Sie will einen Apfel essen, ein paar Nüsse knabbern und zum Schluss süßen Apfelsaft trinken. Anschließend wird sie die Textaufgaben rechnen. Dabei kann sie sich schon auf den Schwimmverein freuen.

(77 Wörter)

© Brigg Verlag KG, Friedberg

Diktate

Ursula Lassert: Diktate und Rechtschreibübungen · Best.-Nr. 145
© Brigg Verlag KG, Friedberg

Schwierige Laute
Wörter mit *st* und *sp*

Ein erstaunliches Hobby

Stefan hat dasselbe Hobby wie seine Schwester Asta.
Am liebsten malen sie finstere Monster mit großen starken Zähnen oder Riesenwespen mit langen spitzen Stacheln auf Vaters Garagentor. Manchmal sind es auch riesige Spinnen mit langen schwarzen Beinen oder knallrote Spechte mit Riesenschnäbeln.
Anschließend nehmen sie den Gartenschlauch und spritzen alles wieder ab. Das finden sie noch lustiger als das Malen. Nur ganz selten streiten sie darüber, was gemalt werden soll. Manchmal malt sogar ihr Vater mit.

(76 Wörter)

Schwierige Laute
Wörter mit *schl, schm, schn, schr, schw*

So viele Schmetterlinge!

Frederic und Rica schlendern gemütlich über die Insel Mainau. Zum Schluss spazieren sie durch die Schmetterlingshalle. Viele Schmetterlinge schwärmen durch die warme Luft. Schon sitzt einer auf Ricas Haaren. Er sieht aus wie ein lebendiger Haarschmuck. Vorsichtig nimmt Frederic einen großen bunten Schmetterling auf seinen Finger. Das war gar nicht schwierig und Spaß macht es auch. Aber schon bald schwitzen die beiden Geschwister in der warmen Halle. Schnell laufen sie wieder hinaus ins Kühle.

(74 Wörter)

Schwierige Laute
Wörter mit *lz, nz, rz* und *lk, nk, rk*

Mit Augen und Ohren

Cecil macht mit seinem Opa Ferien im Harz. Den ganzen Morgen haben sie Pilze gesammelt. Und nun liegt Cecil auf einer Bank. Er liest ein Buch über Pflanzen. Cecil liest gerne und sehr oft. Er ist stolz darauf, dass er sich alles Gelesene so gut merken kann. Seine Schwester Elke behält dagegen das am besten, was sie gehört hat. Witzig, oder nicht? Ganz einfach, Elke ist ein Ohrentyp, Cecil ein Augentyp. Und du?

(75 Wörter)

Worttrennung und Zeichensetzung
Wörter mit langen Selbstlauten

Ganz schön gefährlich!

Gleich hinter den Sträuchern auf der Wiese mit den vielen Blumen stand die Schaukel. Lili saß heute Morgen glücklich darauf und schwang wild hin und her. Plötzlich summte eine Biene um ihren Kopf. Oh je, sie setzte sich sogar auf ihre Nase. Lili schüttelte die Haare und schnitt Grimassen, aber die Biene blieb sitzen. Mutig biss sie die Zähne zusammen und zählte bis zehn. Dabei streifte sie kräftig mit ihren Schuhsohlen über die Erde, um allmählich zu bremsen. Gerade als die Schaukel stand, flog die Biene davon. Lili atmete erleichtert auf.

(91 Wörter)

Diktate

Worttrennung und Zeichensetzung

Wörter mit einem und mehreren Mitlauten

Gespensterjagd

Johann wickelte sich fest in seine Wolldecke und versteckte sich im Keller. Er zitterte vor Aufregung. Würde das Gespenst auch diese Nacht wieder durch das Haus irren?
Er würde es bestimmt vertreiben. Wenn es doch endlich einmal erscheinen würde! Wie langsam doch die Zeit verging! Gut, dass er ein paar Waffeln zum Knabbern mitgenommen hatte.
Johann machte es sich auf der alten Matratze gemütlich. Ob es ein freundliches Gespenst war? Ob es wirklich mit Ketten rasseln würde? Mit diesen Gedanken schlief er ein. Das Gespenst hat er weder gehört noch gesehen. *(91 Wörter)*

Worttrennung und Zeichensetzung

Satzschlusszeichen

Hilfe, ein Unfall!

Gestern spielten viele Kinder trotz des Regenwetters auf dem Schulhof. Warum rennt Julian so schnell? Sicher will er als Erster am Klettergerät sein. Oh weh, er stürzt!
Warum steht er denn nicht schnell auf? Hat er sich etwa verletzt? Soll Elli eine Lehrerin rufen? He Julian, steh endlich auf! Aber Julian kann nicht aufstehen. Warum nicht? Er hat sich das linke Bein gebrochen. Oh, der Ärmste! Der Krankenwagen bringt ihn ins Krankenhaus.
Hallo Julian, alles Gute!

(76 Wörter)

Worttrennung und Zeichensetzung

Satzzeichen bei der wörtlichen Rede

Texte kontrollieren – aber wie?

Felix fragt: „Wie kontrollierst du deine Texte?“
Florian erklärt: „Ich lese den Text Wort für Wort durch.“
Anne fragt: „Von vorne nach hinten oder von hinten nach vorne?“
„Ich mache beides“, meint Florian.
Katrin erklärt: „Das mache ich auch. Und wenn ich ein falsches Wort entdecke, streiche ich es durch und schreibe es richtig darüber.“ „Und ausgelassene Buchstaben oder Wörter füge ich ein“, ergänzt Lena.
Kai lacht: „Texte kontrollieren macht mir mehr Spaß als Texte schreiben.“ „Mir auch. Da komme ich mir vor wie ein Lehrer“, erklärt Uli nickend. *(88 Wörter)*

Worttrennung und Zeichensetzung

Kommas bei Aufzählungen und bei *und, oder, aber, denn*

Jeron und Piet unterwegs

Jeron fährt nach der Schule mit dem Fahrrad zu seinem Freund Piet, aber Lisa bleibt zu Hause. Er hat seinen Computer, seine CDs, seine Bücher und seine Stifte mitgenommen. Daniel will mit Piet mehrere CDs brennen und sie morgen in die Klassenbibliothek legen. Nach der Arbeit nehmen Jeron und Piet ihre Badesachen, denn sie wollen im Meer schwimmen. Jeron schwimmt gut, aber Piet muss noch viel üben. Sie sammeln Muscheln, Schnecken, Steine und Holzstückchen.

(74 Wörter)

© Brigg Verlag KG, Friedberg

Tipps für die Überarbeitung

So vermeidest du Fehler

1. **Versuche, langsam und deutlich zu sprechen!**
   Achte auf Laute in einem Wort, die kaum zu hören sind. Achte auf alle Laute, die aus mehreren Buchstaben bestehen. Achte auf die Wort-Endungen, wenn du Wörter zusammensetzt.

2. **Versuche, die Wortarten zu erkennen!**
   Überprüfe, zu welcher Wortart ein Wort gehört, wenn du zum Beispiel nicht weißt, ob es klein- oder großgeschrieben wird. Ist es ein Nomen, ein Verb, ein Adjektiv oder ein Pronomen?

3. **Versuche, lange und kurze Selbstlaute zu unterscheiden!**
   Achte darauf, ob ein Selbstlaut lang oder kurz gesprochen wird. Das geht am besten, wenn du beim Schreiben halblaut vor dich hin sprichst. So kannst du oft erkennen, ob vielleicht ein doppelter Mitlaut folgt.

4. **Verlängere die Endlaute!**
   Wenn du nicht weißt, ob ein Wort auf b/p, d/t, g/k endet, verlängere das Wort, indem du den Plural, beim Verb die Grundform oder beim Adjektiv die erste Steigerungsstufe bildest.

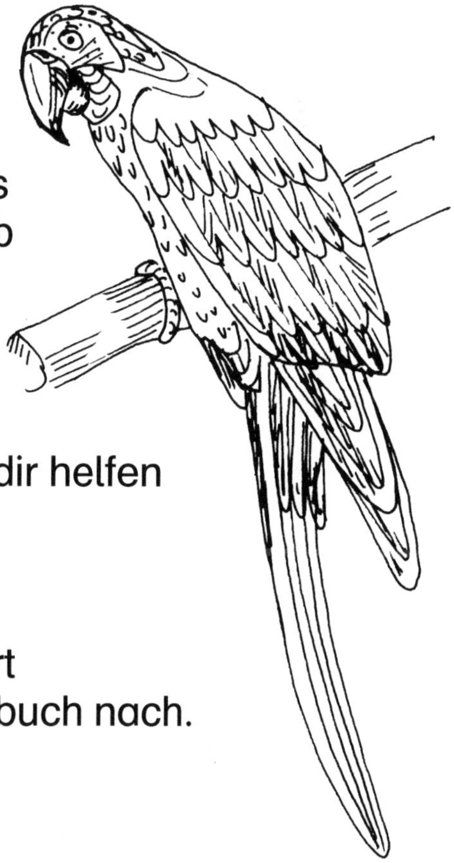

5. **Wende gelernte Regeln an!**
   Überlege, ob es eine Regel gibt, die dir helfen kann, wenn du unsicher bist.

6. **Schlage im Wörterbuch nach!**
   Wenn du gar nicht weißt, wie ein Wort geschrieben wird, schlage im Wörterbuch nach.

Ursula Lassert: Diktate und Rechtschreibübungen · Best.-Nr. 145
© Brigg Verlag KG, Friedberg

Tipps für die Überarbeitung

So überprüfst du deinen Text

1. **Lies den Text von vorn nach hinten**
   und prüfe, ob der Satz einen Sinn ergibt, ob ein Wort oder ein Satzzeichen fehlt.

2. **Lies den Text von hinten nach vorn**
   und prüfe, ob ein Buchstabe fehlt und ob die Buchstaben alle an der richtigen Stelle stehen.

3. **Streiche ein falsches Wort durch**
   und schreibe es richtig darüber.

4. **Streiche einen falschen Buchstaben durch**
   und schreibe ihn richtig darüber.

5. **Ergänze fehlende Buchstaben,**
   indem du den Buchstaben genau über die Stelle schreibst, wo er hingehört und dazu einen kleinen Pfeil oder ein V zeichnest.

6. **Ergänze ein fehlendes Wort,**
   indem du es so machst wie bei Punkt 5 beschrieben oder indem du ein Kreuz an diese Stelle setzt und unter dem Text ein weiteres Kreuz mit dem Wort danebenschreibst.

Ursula Lassert: Diktate und Rechtschreibübungen · Best.-Nr. 145
© Brigg Verlag KG, Friedberg

Notizen

Ihr Pädagogik-Partner!

Oswald Watzke (Hrsg.) / Harald Watzke / Maria Werner / Peter Seuffert

Gedichte in der Grundschule

Anregungen für die Praxis in der 3. und 4. Klasse

100 S., DIN A4
mit Kopiervorlagen
Best.-Nr. 087

Grundschulkinder brauchen Gedichte. Hier begegnen die Kinder 40 zeitgemäßen Gedichttexten als Kopiervorlagen mit Unterrichtsskizzen. Mit vielfältigen, abwechslungsreichen, handlungs- und produktionsorientierten Methoden ist es ein Leichtes, den Kindern den Umgang mit Gedichten so nahezubringen, dass sie Lust, Spaß und Freude erleben.

Oswald Watzke / Harald Watzke / Maria Werner

Lachgeschichten in der Grundschule

Anregungen für die Praxis in der 3. und 4. Klasse

120 S., DIN A4
mit Kopiervorlagen
Best.-Nr. 042

Die **fröhlich illustrierten** oder mit Fotos versehenen Texte, passende fertig erstellte Arbeitsblätter, Tafelbilder, Lesetests u. v. m. bieten einen umfangreichen Materialfundus zur **kreativen Bearbeitung von Schwänken**. Mit detaillierten methodisch-didaktischen und sachanalytischen Ausführungen.

Harald Watzke / Peter Seuffert / Oswald Watzke

Sagen in der Grundschule

Anregungen für die Praxis in der 3. und 4. Klasse

106 S., DIN A4,
mit Kopiervorlagen
Best.-Nr. 052

In **28 illustrierten Sagentexten** begegnen die Kinder berühmten Sagengestalten wie z. B. dem Klabautermann, Rübezahl oder den Heinzelmännchen und entdecken magische Sagenorte. Mit Neuansätzen eines handlungs- und produktionsorientierten Textumgangs, Anregungen zum Vorlesen, zum Selberschreiben und zum Inszenieren von Sagen.
Ohne großen Aufwand **direkt im Unterricht einsetzbar**!

Astrid Hoffart

Astrid Lindgren und Ronja Räubertochter

Erfrischend neue Ideen und Materialien zu Astrid und Ronja

152 S., DIN A4,
Kopiervorlagen mit Lösungen
Best.-Nr. 125

Ein kreatives Ideenfeuerwerk mit **handlungs- und produktionsorientierten Ideen und Materialien** zu Astrid Lindgrens Kindheit und ihrem Buch „Ronja Räubertochter"! Ausgehend von Astrid Lindgren selbst teilt sich das Buch in zwei Bereiche: einen biografischen Teil mit der Kindheit der Autorin und einen literarischen Teil zu Lindgrens Roman „Ronja Räubertochter". Mit einführenden und vertiefenden Stunden sowie Schatzkisten, in denen **zusätzliches Material** bereitgestellt wird.

Bestellcoupon

Ja, bitte senden Sie mir / uns mit Rechnung

_____Expl. Best.-Nr. ____________________

_____Expl. Best.-Nr. ____________________

_____Expl. Best.-Nr. ____________________

Meine Anschrift lautet:

Name / Vorname

Straße

PLZ / Ort

E-Mail

Datum/Unterschrift Telefon (für Rückfragen)

Bitte kopieren und einsenden/faxen an:

Brigg Verlag
Franz-Josef Büchler KG
Beilingerstr. 21
86316 Friedberg

Bequem bestellen per Telefon / Fax:
Tel.: 0 89 / 61 38 71 27
Fax: 0 89 / 61 38 71 20
Online: www.brigg-verlag.de

BRIGG VERLAG
F.-J. Büchler KG

Ihr Pädagogik-Partner!

Bernd Wehren

Rätselhafte Lese-Labyrinthe

Spielerisch lesen und schreiben in drei Schwierigkeitsstufen

1.–4. Klasse

68 S., DIN A4,
Kopiervorlagen mit Lösungen
Best.-Nr. 099

Die 14 leichten, zehn mittleren und sechs schweren Lese-Labyrinthe fordern die Kinder dazu auf, den richtigen Weg zu finden und damit zu einem sinnvollen Text zu gelangen. Die **30 unterschiedlich schweren Aufgabenblätter** sind immer gleich aufgebaut, sodass die Kinder selbstständig arbeiten können. Mit allen **Lösungen** und **Blanko-Vorlagen** zur Erstellung eigener Labyrinthe.

Wolfgang Wertenbroch

Individuelle Rechtschreibförderung

Teilleistungen des Rechtschreibens verstehen, diagnostizieren und trainieren

56 S., DIN A4,
mit Kopiervorlagen
Best.-Nr. 094

Der Band klärt, welche Teilleistungen für das Rechtschreiben erforderlich sind. Aufgrund von Fehlern zeigen sich die **Schwächen**, die bei einem Kind vorhanden sind. Es werden **Maßnahmen** zur gezielten Förderung entwickelt und beispielhaft dargestellt. Mit diesem Konzept wird gelernt und geübt, stets orientiert an den aktuellen Lerninhalten und dem jeweiligen Rechtschreibwortschatz.

Lassert Ursula

Atka und die Eisblume

6 Lesegeschichten mit Arbeitsaufträgen

1./2. Klasse

32 S., DIN A5, kart.,
Leseheft
Best.-Nr. 143

Aus dem Inhalt:
Atka und die Eisblume; Wo steckt Husch, der Hamster?; Auf dem Rastplatz vergessen!; Yoki geht auf Jagd; Max hat keine Angst mehr; Der verlorene Hausschlüssel; Lösungen zu den Arbeitsaufträgen.

Zwei Streithähne

6 Lesegeschichten mit Arbeitsaufträgen

3./4. Klasse

32 S., DIN A5, kart.,
Leseheft
Best.-Nr. 144

Aus dem Inhalt:
Zwei Streithähne; Emilys Geheimnis; Sechs Freunde; Pauls guter Einfall; Bravo Luna!; Gefährliche Landung; Lösungen zu den Arbeitsaufträgen.

Die beiden Lesehefte sind die perfekten Begleiter der Kinder durch die 1./2. bzw. 3./4. Klasse, denn die kleinen Geschichten steigen sowohl textlich als auch inhaltlich langsam im Niveau an. Sie werden in sich komplexer und tragen nicht nur der **steigenden Lesekompetenz**, sondern auch der **zunehmenden Reife und Sozialkompetenz** der Kinder Rechnung. Die **Arbeitsaufträge** zu jeder Geschichte überprüfen das Leseverstehen und rufen zur kreativen Texterschließung auf. **Mit Lösungen zur Kontrolle oder Selbstkontrolle!**

Bestellcoupon

Ja, bitte senden Sie mir / uns mit Rechnung

_____Expl. Best.-Nr. ____________________

_____Expl. Best.-Nr. ____________________

_____Expl. Best.-Nr. ____________________

Meine Anschrift lautet:

Name / Vorname

Straße

PLZ / Ort

E-Mail

Datum/Unterschrift Telefon (für Rückfragen)

Bitte kopieren und einsenden/faxen an:

Brigg Verlag
Franz-Josef Büchler KG
Beilingerstr. 21
86316 Friedberg

Bequem bestellen per Telefon/Fax:
Tel.: 0 89/61 38 71 27
Fax: 0 89/61 38 71 20
Online: www.brigg-verlag.de